東坡面目

读懂《黄州寒食诗帖》

孙善春 著

中国美术学院出版社
CHINA ACADEMY OF ART PRESS

目录

图版目录

诗

诗，可以兴，可以观，可以群，可以怨。

——孔子《论语·阳货》

宋 苏轼 黄州寒食诗帖 34.2cm×199.5cm 台北"故宫博物院"藏

一起看一个作品。

苏轼，东坡，《黄州寒食诗帖》。

有诗，有帖，都是汉语文字做成，不过一个是文字内容，一个是文字的样子，或者"形象"。先暂且这么说。它们都是苏轼这个人写出来的，留到现在给我们在这里看，实在要感谢他一下。苏轼，您肯定知道他，至少听说过。我们有时也叫他东坡，或苏子瞻，或苏子。这个作品，可以叫《黄州寒食诗》，也可以叫《黄州寒食诗帖》，各有侧重。因为文字，中国字，是全面的。

首先还是请大家注意，"帖"这个字，念 tiè，不念 tiě。不要念错字。为什么要讲究一下？诗，是要读的，要发出声音。声音本来就太重要，想想唱歌。诗，不也常常叫"诗歌"吗？另外，我们看人家写书法，比如苏轼的书法，就跟汉字本身无法分开，像看诗一样。当然，我们平常说"读诗"比较多，读出来，读得细心一些，肯定更有收获。除此之外，读诗，或写字，如果能够通过学习、练习，更多地了解、熟悉字，直到喜欢字、爱上字，可能会给人更大的喜悦和满足。于是，书法，可能就有些"用处"了。当然，力求领会更多、更大的东西很好，不过有时却需要从很小的、具体且细节的东西入手，无论是在学院里，还是在生活里、社会上，大致都是如此。

讲书法，为什么要讲东坡这件作品？还是机缘巧合，正好赶上时令。过了这个时令太久，人的心情会不大一样。寒食节是很重要的节日，在古代更是如此，所以有历史或文化的某些东西在延续。此外，苏轼这个人也很重要，我们门外，不就是西湖吗？当然，他的重要并非只在书法上。作为一个文艺人物，一个文人，他更加重要。他的名气太大了，希望通过他的字，这里特别指他的书法，我们能更好地看看他这个人，就好像你喜欢一个人，如果能到电影院里看他主演的影片，盯着他的一个个脸部特写，想必相当有趣。开个小玩笑，但也不是全无道理。

我们从诗开始看。这个看，也就是"读"。

有朋友要问：我们要讲书法，看书法，"鉴赏"书法，为什么要先来看诗？先不要着急。请想一下：我们谈一件书法作品，无论它多么了不起，多么神秘，多么高妙，看它的时候，很难摆脱一个摆在眼前的事实——它就是一些汉字。"书法"这两个字听起来有些高级，却也有些让人不喜欢，很多朋友可能也不专门研究这个东西。很多的前辈，是很不喜欢这两个字的。比如你说一个名词"书法"，我们都很容易理解，它是所谓的"书写的方法"，或者说是"书写的道理"，日本人把它说成"书道"。但是，如果你组词造句，说成"我写书法"，就很让人生气了，因为这完全是病句。可也没人管，这就叫"约定俗成"。这些"俗成"里肯定有很多不对的地方，或者说是不准确、不好理解的地方，但是大家也接受了。"俗"这个字，大有力量，所以有时让有些人觉得讨厌、可怕，特别是在文艺里。

宋朝人谈书法，尤其是与东坡亦师亦友的黄庭坚，特别强调这个"俗"字。他有一句千古名言，大意是讲"士人"，士大夫这样的人，怎么都可以，但就是不能俗，因为人一俗起来就无药可医了。黄庭坚是大诗人、书法家，我们谈苏轼，一定会碰到他。大家对"俗"这个字也可以特别注意。苏轼这《黄州寒食诗帖》，诗作得如何，字写得如何，或者说诗的文学性如何，书法的艺术性如何，都要自己来看，自己来琢磨，而不是人云亦云，不然就成了个"从俗"。

看一件书法作品，根本不关心"字"，只关心所谓字写得怎么样，这也是一派的观点。就像我们看所谓的艺术作品，尤其是现代画，我们不关心他表达的是什么内容，这可以是一种很高级的情景，不是假的。只是，我们在刚开始看的时候，很难摆脱字以及字里面的东西的影响。字里面有什么呢？简单来讲，字里有意思，有情感。如果用一个字来概括，字里面是有"意"的——无论是情意、意味，还是所谓意思、意义等。

东坡这两首诗，字数不多，但若要读，内容却不少。考虑到诸位的时间，许多方面还是点到为止。且这两首诗的关注点也并非太多。我们这里的读法、讲法，是由诗入手，再谈所谓的书法批评和文艺观念。现在市面上很多谈苏轼的书，谈到《黄州寒食诗帖》的书，好像都有点过于"文艺"，而在书法方面，又多有一点"外行"——这两个字，并不是骂人家全然不懂，只是说各人各路，各有专攻，于是就都互为"外行"了。这本来是京剧梨园行的老话。不过，如果诸位有志于中国古典文艺，有志于中国的书法，那么只有一点文艺的热情确是不够。真正的文艺，无论"青年"还是"老年"，都要在有些事情上用点实在的力气，比如，"艺"是何物，"文"欲何为。

黄州寒食诗
其一

自我来黄州，已过三寒食。年年欲惜春，春去不容惜。
今年又苦雨，两月秋萧瑟。卧闻海棠花，泥污燕支雪。
暗中偷负去，夜半真有力。何殊病少年，病起头已白。

自我来黄州，已过三寒食。

《黄州寒食诗》是苏轼到黄州后所作。自从他来黄州到现在，已经过了三个寒食节。无论三个寒食、三个清明还是三个中秋，都是三年。但是他突出"三寒食"，说明

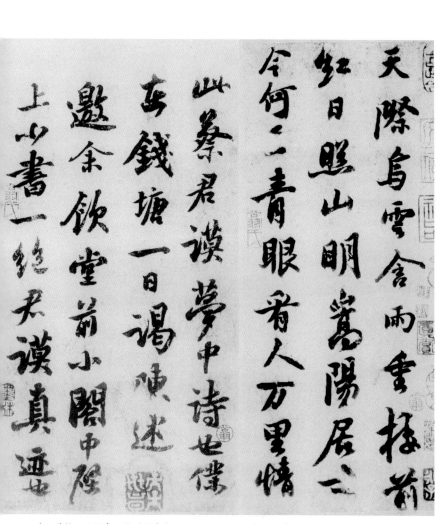

天际乌云含雨重，楼前红日照山明。崀阳居士今何在？青眼看人万里情。此蔡君谟梦中诗也，仆在钱塘一日谒陈述古，邀余饮堂前小阁中，壁上小书一绝，云是蔡君谟真迹。

宋　苏轼　天际乌云帖（局部）　32cm×723cm　藏处不详

他知道今年的寒食又过去了，后面诗里会写，他本来不知道已经到了寒食。这个已字，或可想成个"又"字。寒食节是中国古代非常重要的节日，可以说是中国人生命中最重要的节日，只有重阳节能与之相比。简单来讲，它涉及人之生死观，生命意识。

黄州这个时期对于苏轼来讲尤其重要。很多朋友读过苏轼的传记，其中最有名的当然还是林语堂先生的《苏东坡传》。苏轼在黄州经历了人生的第一个大磨难，"乌台诗案"，苏轼被捕，差点被判死刑。苏轼觉得自己大难不死，应该好好学习，好好反省，因为他以前"不懂事"，犯了很多错误，尤其是喜欢乱说话，管不住自己的嘴。他到黄州的时候40多岁，正好是儒家所谓的"四十不惑"。这是一个非常关键的时期，他大约是有意识地要成熟起来了。

很多人一谈苏轼，尤其我们杭州人，便总觉得杭州这个地方跟苏轼有莫大的关系，仿佛杭州是他生命中最重要的地方，实际上根本不是这样。大家都知道苏轼在杭州当过两次官。第一次是在他30多岁年轻的时候；后来他50多岁的时候又当过一次，对杭州做出了巨大的贡献。但是在他的整个人生中，杭州并不是那么重要，这是苏轼自己说的。他作《自题金山画像》：

心似已灰之木，身如不系之舟。

问汝平生功业，黄州惠州儋州。

　　写完这诗后两个月，苏轼去世。所以这几句话，可称他的生平总结陈词。他说他一辈子的功业、一辈子的大事，在三个地方——黄州、惠州、儋州。儋州就是现在的海南，古时的天涯海角。这三个时期都是苏轼受罪的时候，都是他经历人生的艰难和历练的时候，没有杭州。我们杭州人听到这话可能很不开心。他不喜欢杭州吗？不，他也喜欢杭州，与杭州又很有缘。"我本无家更安往？故乡无此好湖山"就是他写给杭州的好话。但是黄州对苏轼的意义不一样。黄州是他受难的一个重要的标志，是他成熟的一个里程碑。他说他到黄州已经过了三年，现在经历过人生的一点波折了。人如果老了些，再看这首诗，感觉会不一样。我现在看到这首诗，很注意最前面的两个字：自我。为什么这两个字从他这首诗里面跳出来了？不是说"从我"，而是"自我"。只说"我"怎么样？如果把这个字去掉，对文意没有影响，因为汉字不大需要这么明确的指示。当然，这里有我个人的偏好和情感。

辩才老師退居龍井不復
出入軾往見之常出至風篁
嶺左右驚曰遠公復過虎

辯才笑曰杜子美不云乎與
子成二老來往亦風流因作
亭嶺上名之曰過溪亦曰二
老謹次
辯才韻賦詩一首
　　　眉山蘇軾上

日月轉雙轂古今同一丘惟此
鶴骨老凜然不知秋霜雨
無礙天人爭挽留去如龍出
雷雨卷潭湫未如珠還浦奧

籠爭駢頭此生蹔寄寓常
隱名實浮我比陶令愧
師為遠公優送我遂過溪
水當遂流聊使此人山永記
二老遊大千在掌握寧自覺
別夐

元祐五年十二月十九日

宋　苏轼　次辩才韵诗帖　29cm×47.9cm　台北"故宫博物院"藏

再看"功业"二字。我们很多人以为是指立功、建功，有人称之为"立业"（善业），但是我们单看"功业"二字中的"业"，并非只是"善业"。若组字，"造业"，即造孽，造罪恶。为官或不为官都可能造业，即使一个勤勉地做学问、写文章的学者，亦难逃其咎。完成一本了不起的著作，可能改变了世界，改变了人类，但也可能改变一个文明，使无数人因此丧命流离。柏拉图说"一本书，一宗罪"，即是此意。所以对东坡而言，这平生"功业"，却是苦言。

"三年"，这个时间，诸位如何看？不论三年时间是长是短，"三"这个字还是个大数。从哲学上讲，《道德经》中"一生二，二生三"的"三"意味着什么？意味着多。在中国有两句俗话，"一而再，再而三"和"事不过三"，都是这个意思。三即多。所以，三年的时间严格来讲应该不短。我以前讲到此处，会提到一首粤语歌，《盼三年》，歌词很有意思，大意是说人盼三年，又三年，那人生又能有几天？"若你愿耐心多等一天，定会令历史因此而改变。情人或许不必光阴虚度，漫漫长又三年。"苏轼在当时如果听闻这首粤语歌，可能会很生感慨。这个蜀人，也跟广东有缘。

我们谈苏轼，绕不开庄子。苏轼对庄子非常了解。熟悉庄子的人，更知道他与苏轼的关系。我们在读书时，会想作者是不是想了很多的事情，用我们的"想"，去探究作者的"想"。孟子的一句话，"以意逆志"，也是我们读书的一个重要方法，同我们的书法也关系重大。晚清的刘熙载，是一位出色的书法理论家，说"意"是书之本。如果不用"意"去感知，你就不知道别人的"意"是什么。心意相通，即得努力通达他人的心。最后我们会进入一个很理想的境界，无论是在书法中还是在哲学中，都有一个很了不起的词表现这个境界，称作"心心相映"，映照的映。

三年，时间不短也不长，不由让人产生一个疑问：三年的时间已过，在黄州也受尽罪，东坡整天大嘴巴、喜欢乱说话的坏脾气，改正了吗？苏轼因言获罪，他却并没有纠正自己的坏习惯，但是他在这三年中，很努力地在历练。黄州时期对苏轼意义重大，不单是在个人的历练上，在艺术上也很重要。他在黄州写了很多字，画了很多画，作了不少诗文。这些都是他精进的证明。

但是有一点也可以注意，这段时间也是他非常用功学习的时间。学习什么？拿现代话语来讲，他在学习思想理论，研究学术。东坡把小时候荒废的学业又捡起来，从头再来，而不是只写写画画，当他的大艺术家。他的父亲苏洵应该相当欣慰。《三字经》就说："苏老泉，二十七，始发愤，读书籍。彼既老，犹悔迟，尔小生，宜早思。"苏老泉即苏洵。苏洵年轻时很不爱学习，很贪玩，至27岁时才发奋读书，成为一代大家。他是古代一个好学的例子。苏洵又是个学者，他辅导过他的两个儿子苏轼、苏辙研究哲学，特别是《周易》。苏轼从黄州时期开始，一直到他死，都在持续研究哲学，研究的书稿后来才出版，但现在很多都失传了。这里给大家讲到《周易》这部经典，是因为它作为"群经之首"，对理解中国的书法思想极有帮助。我们学艺术，自然要看研究中国书画的书，那又为什么要看它？

因为《周易》是一本很重要的哲学书。这本书，从古到今的解释太多了，在这里，我最愿意称之为"忧患之书"。人生处在一个大困难的时候，怎么活下去？《周易》是怎么一回事？《周易》的作成，是因为圣人周文王被困在羑里，商纣王本要杀他，后又让他苟延残喘。周文王希望能够参透人生悲欢离合、祸福兴衰的奥秘，便作了《周易》。从这"忧、患"二字，很容易理解苏轼在黄州为何会认真研究它。

除此之外，他还读诗。诗人读诗太平常不过，可现在开始不大一样了，变成了认真地读，持续反复地读，研究性地读陶渊明。在黄州，苏轼一是喜欢研究哲学、研究《周易》，二是追慕陶渊明。这二者组成了苏轼重要的生命经验。他给苏辙写信，说陶渊明的诗好，应以陶渊明为师。于是他做了件空前之举、得意之事，即追和陶渊明。"古之诗人有拟古之作矣，未有追和古人者也。追和古人则始于吾。吾于诗人无所甚好，独好渊明之诗。"把"和"这个字，跟"同"一起，是说他想和陶渊明一样，作一样的诗，做一样的人。他把陶诗拿来读，真是"爱不释手"，一读再读，"书有快意读易尽"，然后每一首都和一遍。在黄州，他共和了 75 首陶渊明的诗歌。其他和陶诗则为人生后半段颠沛流离时所写，在海南海角天涯之处才将诗和完，也就是著名的"苏和陶诗"。不论陶诗或苏和陶诗，这几年我都抄了不少。大家若有意，也可以抄抄看。

年年欲惜春，春去不容惜。

为什么要"惜"呢？第一，春美。有首歌叫《春光美》，也相当美好，美好在能让人想起春的美好。第二，春短。古人谈"惜春"，都会谈到花，花和春天的短暂联系在一起。春天花会开，花开花落，会让人痛心、惋惜，于是有了"惜春"。辛弃疾会讲"匆匆春又归去"（《摸鱼儿·更能消几番风雨》）；黄庭坚会讲"若有人知春去处，唤取归来同住"（《清平乐·春归何处》）；朱自清在《匆匆》问："但是，聪明的，你告诉我，我们的日子为什么一去不复返呢？"

"惜春"二字，还让我们想到《红楼梦》里的那位贾小姐。惜春小姐最后看破红尘，看透花花世界，落发为尼，这是惜春的一个结果：看破了，看破之后可以好好地寂寞。

作为书法家，我想到了王羲之。要讲书法，怎么避得过"书圣"？这位王大师，是个脾气很坏的人，他也很会寂寞。辞官归隐之后，他成天在家看花掉下来，琢磨这个花，数花掉了多少瓣。这就是寂寞，也就是惜春的情绪。古龙的《多情剑客无情剑》也是写了这样一种剑客数花的寂寞，主角叫李寻欢。人生苦短，大家都应寻欢作乐呀。日本的民歌，有一首叫《凤尾船之歌》（ゴンドラの唄）。春天，会让人想要惜春，只是因为春光美吗？不尽然，春天会让人联想到自己。惜春，其实就是惜自己。

注意这个"惜"字。让我们翻开字典，看看《说文解字》。汉朝人很好玩，他说"惜"就是"痛"，人一"惜"了就痛，多么简单粗暴。后代人觉得汉朝人解释得太粗暴了，所以他们再解释的时候，说是爱怜。但它还有一个意思，就是一个字，"贪"，贪心不足的贪。东坡自己说，我以前有点贪啊。为什么？无论贪名、贪功、好利都是一个贪字。想要的多啊！人家写诗一天写8首，我想写9首，这不是贪吗？李白斗酒诗百篇，他就来个一千零一页，累不累？春天来了花开了，春天走了花落了，这是正常的。你想让它不要走，这不就是贪心吗？当然，人的贪心终归要失败的。所以说"年年欲惜春，春去不容惜"，你以为你心痛了，你以为你在乎我，我就会为你停留吗？天道不是这样的，你自己的心意是不能左右这个世界的，这就叫"不容惜"。老百姓的话讲得好，你管不了，这就叫"不容惜"，由不得你。这个"容"是什么意思呢？容本来是容量的意思。什么叫容量？老百姓说得好，叫"宰相肚里能撑船"。如果一个人的度量大到一定程度，人的感情的世界，人的情谊的世界，要能够包容春去春来、花谢花开的人生，包容历史和天道的循环。如果你不能包容，你容不下，那诸位，你就会怎么样？你就会心痛，你就会见花落泪，望月伤心，花前月下都是心碎的时空。唐朝有个诗人叫杜牧，小杜，他有首诗就叫《惜春》，说得特别好："谁为驻东流，年年长在手。"杜牧也是书法名家，一手好字，在晚唐别具风格，而且，有真迹流传到今。这可是不容易。大家可以看他的名作，《张好好诗》，也是自作诗书，二美并俱。写的是一个女子如何历经了沧桑。而诗人小杜，以他独有的书法写下这诗，也难逃这好好女士的沧桑吧？或者，他主动选择进入其中，体会，表达，创作："我承认，我历经沧桑。"聂鲁达说得好，诗人就是诗人。所以人生的苦味沧海横流，谁能够把这像流水一样的时间停下来，为我停留？年年岁岁，这么好的春光能让我紧紧地攥在手里？这种心情，这种念头，痛心。

　　贾惜春小姐出家当了尼姑。东坡这个人，大家知道，他有一个号，东坡居士。这个号也是在黄州的时候起的。居士，是佛家的人了。他为什么叫东坡？因为他有一个崇拜对象，白居易。白居易的一首诗写到东坡，他就叫东坡了。他为什么这么喜欢白居易呢？我猜想，也许是白居易这个人在年轻的时候受过很多苦，经历过很多波折，但是他晚年是过得比较幸福的。他会寻欢作乐。东坡是不是也想像他这样？我不知道，但可以知道的是，东坡没能做到。白居易也曾在杭州当官，大家都知道他修了白公堤，东坡修了苏堤。他老把自己跟白居易比，这是一个很有意思的心态。他会跟陶渊明比，会跟白居易比，但他不如陶生的决绝，也比不上白居易的潇洒。白居易在杭州当了600多天的官，整天到山里面跑，自称"入山十二回"，诗里面

東坡居士

張好好詩 并序

牧大和三年佐故吏部沈
公江西幕好年十三始
以善歌舞來樂籍中
後一歲公鎮宣城復置
好于宣城籍中後三年
沈著作述師以雙鬟納
之又二歲余于洛陽東
城重覩好感舊傷懷
故題詩贈之

娉娉裊裊十三餘
怜翠茁鳳生尾甲

唐　杜牧　张好好诗（局部）　28.2cm×162cm　故宫博物院藏

写得很清楚。东坡应该也想，但其实他是那种忧心忡忡的人。所以说诸位，很多人的潇洒都是表面的。当然你可以问一句，什么叫潇洒？我们不展开，但书法里的潇洒却可以关心一下。"潇洒"，似乎也可以写成"萧洒"。"洒"这个字，很早就简化成这个样子，如果您看到书法家这样写，不要轻易说他没文化，简体、繁体也分不清楚。在博物馆看到呢，不要马上就说是假字、假画。

东坡没有出家，他是个居士；或者说，他自封了个居士罢了。什么叫居士？在家修行的人。但我们知道，无论你出不出家，人都是一样要受罪的，人都是要老的，人也是要死的。人活在这个世界上，按照西方哲学的话来讲，"人"的定义，就是必有一死的存在者。这样的人，称为"凡人"。凡人的人间，不容易，很多人的人生，满是可惜、痛惜。有的深刻的凡人说，我们是人之上者观察实验的对象。

惜春而不得，这已经让人非常惆怅或者心痛了。何况——

今年又苦雨，两月秋萧瑟。

今年寒食的时候又下起了苦雨，两个月都像秋天一样萧瑟。诸位，什么叫"苦雨"？"苦雨"这两个字是不是很有意思？现代有一个著名的文化人，周作人，鲁迅的弟弟，他在北京的书房叫"苦雨斋"，请沈尹默题的匾额。沈尹默是现代大书法家，但很可惜，也有不少人不喜欢他，说他写得"俗"。新文化运动时有另一位人物，虽然不是专业书法家，但是字写得非常好，叫陈独秀，他就讽刺沈尹默的字"其俗在骨"，真是不可救药了。但周作人的"苦雨斋"三个字是请沈尹默写的，他们是同事，都在北京大学当教授。周作人的字倒是不俗，大家可以看看，但是他却很喜欢沈尹默的俗字，倒挺有意思。看来"俗"这一个字在艺术上并不好谈。人生实苦，忧愁风雨，因此这雨就变得苦了。苦，这个字是让您咂咂它的味道。您尝过雨滴的味道吗？两个月，雨滴会不会变成绵柔浓香型？

　　"秋萧瑟"。明明是春天，却像秋天，这种感觉很有意思。我年轻时读小说，看巴金的《春天里的秋天》，哀伤极了，不知他是否读过东坡的这首诗。汉语中有个非常奇妙的词，"春秋"。它有两个意思：一个是人的生命的年龄，所谓春秋几何；另外一个，就是很多人的生命汇在一起，变成一个很重要的东西，叫作历史。所以孔子作历史，就名《春秋》。他有一句名言说得好："知我罪我，其惟《春秋》乎。"很多研究哲学、历史的人，给外国人翻译这句话的时候，把它翻译成"到底我一生做了什么，我这

近现代　沈尹默　赠周作人《苦雨斋》横幅　31cm×55.5cm　私人藏

个人怎么样，最后让历史来判断我吧"也有一定的道理。讲到"春秋"，讲到活在历史中的人，讲到东坡，我们不由想道：东坡自己在黄州时，他会想自己在历史的洪流中间是一个什么样的角色吗？当然，他也是政治家，不光是我们很多人所想的，一位神仙一样的天才诗人、画家和书法家。

两个月秋萧瑟，实在是苦。"萧瑟"这两个字，耐看，跟此前讲到的"潇洒"有关。潇洒的"潇"有个三点水，"萧瑟"的"萧"没有。"风萧萧兮易水寒"有这个萧字；陶渊明说的"环堵萧然"，也有这个萧字。"瑟"这个字也很有意思。白居易有一首著名的诗，中有"一道残阳铺水中，半江瑟瑟半江红"一句。大家都学过这首诗，如果问大家这句诗是什么意思，却不好讲。有专家考证，半江瑟瑟的"瑟"字不是汉语，是外来语翻译过来的，因为白居易是外族人，不是汉人，他用胡语，写下"半江瑟瑟半江红"。"瑟瑟"是少数民族的话。"萧瑟"放在一起，作为汉语会很奇怪吗？读一下，感觉就不一样了。萧，你会想到什么？看到这个字，你可能会想到箫，竹子做的乐器，样子跟"萧"很像；想到"风萧萧"，风吹草木，发出很悲戚的声音，是自然的音乐吧。而瑟，也是一种乐器。

试想在两个月的苦雨中，风雨都有了，演奏的是什么样的天地人间的音乐。"满城风雨近重阳"，那是秋光。

我关注这两字。东坡自己可能也喜欢。他在黄州留下了一首大大有名的词《定风波·莫听穿林打叶声》："莫听穿林打叶声，何妨吟啸且徐行。竹杖芒鞋轻胜马，谁怕？一蓑烟雨任平生。"很潇洒，对不对？其实一点都不。因为这首词最后说"回首向来萧瑟处，归去，也无风雨也无晴"。这首词运用了很多技巧，比如在汉语中，我们说到"也无风雨也无晴"，这个"无晴"会让我们想到"无情"，没有感情。"东边日出西边雨，道是无晴却有晴。"这就是汉字、语言。诗人，作为语言艺术家，他能用上的都会用上，他会用字，他也会用字音，这就是诗的特点。而讲到书法呢，他把字的样子、形象，一样用到足够。所以"萧瑟"这两个字，可以说蕴含着很多东西，也可以帮助我们看到许多东西。苦雨让人心里很忧愁，那么长的时间，把春天变成了秋天，对人是一种摧残和折磨。春天里没有春光美，只催人春秋老去。

下面这句话有点神奇，很多人不大注意：

卧闻海棠花，泥污燕支雪。

前面惜春，这里花就来了。读诗要心细，要动用感性与联想，或想象。这个词对我们学艺术的人很重要。想象，是在自己心中唤起形象。据说科学家对此也非常重视。书法这样微妙的东西，如果不在这些方面下点功夫，是不大容易走近的。

要注意"闻"这个字。什么叫"闻"？中国字很神奇，我们一说闻，首先想到的是鼻子。但"闻"还有"听"的意思：里面不长着个耳朵嘛。我"听闻"你近来有点不快乐，你的消息断断续续从别人那里传到我耳边。这诗里的"闻"是哪个意思？有人会讲，当然是拿鼻子闻，但是"我"卧病在床两个月，拿鼻子闻海棠花，又如何出来个"泥污燕支雪"呢？"泥污燕支雪"这句话指绵延两个月的苦雨使水和泥混成一锅粥，导致漂亮的海棠花被弄脏了，受污了。"燕支"即胭脂，是女孩子在面颊施粉抹红的化妆品。这里写作"燕支"，是古字，北方有座山叫燕支山，燕支山上盛产的一种植物可制成化妆品，即后来的胭脂，抹在匈奴女孩子的脸上很好看，外地人还抹不着。西汉时汉武帝派霍去病过燕支山击败匈奴，汉人也学会了用"燕支"。但这里的重点在于，"燕支"为什么变成了"胭脂"？后者左边都是个"月"，月在汉字里是与肉体相关的，这就成了人的事，不是燕子的了。可以留心一下这样的细节，都是学习训练。如果一个女孩子脸上都是胭脂，就会一片红；都是白的，那叫僵尸。而燕支雪介于赤、白之间，那是极好了。总的来说，海棠花被这两个月萧瑟的风雨弄污，不纯洁了，不好看了。

继续找碴儿，咬文嚼字。认真读书的人要勇敢，敢于发现问题，还要直面问题，不绕弯子。一个问题：如何用鼻子闻出海棠花？这就是诗的精妙之处。这里需要强调的是，海棠花是一种很奇怪的花，据说是不香的，这是它最大的特点。有人说，张爱玲好作惊人语，她说人生有三大憾事：一恨海棠无香，海棠花虽然娇艳美丽却没有迷人的芳香；二恨鲥鱼多刺，鲥鱼肉质纵然鲜嫩美味，却因多刺而无法尽兴品尝；三恨《红楼梦》未完，让你看不过瘾。当然，专家还是要申明一下，告诉我们这话不是爱玲发明的，据说是宋朝的一个和尚诗人说的，还传了下来。这人是黄庭坚的朋友，也许认识东坡和他的海棠。

画画的朋友知道，画个海棠，衬枝玉兰，叫"玉堂富贵"，这是借物寓意，得个吉利。可东坡这诗里，海棠说的却是生命的遗憾与无奈。如果他说的是真话，卧床不起的"我"

宋 陆游 怀成都十韵诗卷（局部） 34.6cm×82.4cm 故宫博物院藏

的嗅觉还受到病情的影响，更无法闻到海棠花了，除非是个好狗鼻子老道。开个玩笑。东坡还有个名号，"铁冠道人"，一样是自封的。

于是这句诗就好玩了。闻，这一个字，其实串通了鼻子闻、听说、想见多重的意思。但再多的意思，都是东坡这位诗人一个人的意思、心意。对吗？是写他的心思，他的感觉，是完整的。看见的，听见的，想见的，都是自己，都是世界。所以学禅宗的人士看到肯定会心有戚戚。如果要举个例子，有一首唐人的绝句就很好。孟浩然的《春晓》："夜来风雨声，花落知多少。"这首诗可以说家喻户晓，现在说它空灵高远，就不是虚言了。这也是写诗人的落寞。东坡的后辈词人李清照写花也是不凡，比如她说"昨夜雨疏风骤"，导致"绿肥红瘦"，可谓言简意丰。也可比照东坡的"秋萧瑟""苦雨"。顺便说一句，易安对东坡的作品是有批评的，批得也大体有理。

"卧闻海棠花"这句，引人浮想，它的准确意思是很难用几句话说明的。当然，想这样说明本身就是妄想，能说明还要诗干什么呢？这诗人可能身体不好，精神不佳，卧在床上，两个月里淫雨连绵，真是苦不堪言。"卧"这个字，也令我这个读者思考：是仰面朝天地卧，还是肚子朝下地趴着呢？不知道。诗人关心的，却是身外之物：海棠。花怎么样，在这凄风苦雨里受了玷污，虽说不是"零落成泥碾作尘"，也一样令人"坐卧不宁"了。只是海棠花本就不香，自然就没有"香如故"之说。结合前面所讲"年年欲惜春"来看，东坡的心无疑是更加哀痛了。这里如果把"惜"侧重解释为"心贪"，东坡亦贪、怨、嗔、痴，那么此诗中的海棠花更加突出了他的贪心不足：他不但想要春光美，春光常驻，还想要海棠相伴。

海棠花无疑是很重要的。南宋诗人陆游是东坡的崇拜者，他不止一次写诗纪念东坡，甚至专门到黄州来看东坡的房子。陆游在四川当过官，他到四川时，看到海棠花，赞叹不已，写下一首名诗《海棠歌》。东坡是四川峨眉人，你到四川感慨海棠花的艳美无双，没办法不想到东坡。回到"卧闻海棠花"来看，自然就知道什么叫"诗情"了，诗人心中自有压抑不住的情意。海棠是东坡家乡的产物，落难黄州的他看到海棠想到的是什么？会思亲友，会想家。他恋家，可有家不能回，所以他看到海棠花会加倍地喜欢，加倍地爱，加倍地惜。现在看到海棠花落，海棠花受污，他就会加倍地惆怅和心痛。他刚贬到黄州时，在一个寺庙看到了海棠，非常开心。觉得身边有家乡的东西相伴，

陆游

人生就还有美丽和希望。东坡不止一次地写海棠诗，比如最著名的那首《海棠》：

> 东风袅袅泛崇光，香雾空蒙月转廊。
> 只恐夜深花睡去，故烧高烛照红妆。

东坡写此诗时也是在黄州。"东风"就是春风。大家都记得这首诗，"只恐夜深花睡去，故烧高烛照红妆"。什么意思？就是前面讲的"惜春"两个字。所以东坡是很寂寞的，想到海棠，周围至少有三个意象在诗里面。如果我们用最直截了当的话讲，第一个就是家乡。第二个，春光。还有一个是什么？刚才我讲到胭脂雪，跟女性连在一起。所以说"卧闻海棠花，泥污燕支雪"有趣，怎样闻海棠花？若不细究，你会以为海棠飘摇着落到他家的床头上去了，他躺在床上就能闻到，他的嗅觉似乎很灵敏。当然，这也不是绝不可能。海棠花对东坡很重要，海棠花这一意象对东坡这诗也非常重要。

花开两朵，单表一枝。刚才讲到女性，这里就不能不岔开，提一个著名的故事。林语堂先生在《苏东坡传》中特地写过，东坡是寂寞的，一个人寂寞是经常的，你总要有办法来调节。万分寂寞之时他会想家，那么他如何宽慰自己呢？就如东坡自己所言，他有家难回。他家在长江边，所以他看到长江水就突然说，这里面流出来的所有水，都是从峨眉上游流下来的水，是我家乡的雪水。所以我看到这个水并且喝这个水，就等于喝了我家乡的水，于是他就感到了宽慰。苏轼是这样的一个人，他善于自宽自解，如林语堂所说的"gay genius"（快乐的天才）。Gay，英语里有快乐的意思，不仅表示同性关系。这里是说他这个人"乐天知命"。白居易叫白乐天，人不"乐天"，居哪里都不易。反过来说，随所处而安，随所事而安，倒是能乐天。"易"这个字，不光是容易，还有"平易"的意思，就是平常。说到东坡要研究的《易经》，当然要说还有个"变易"，就是变化：世事无常，风云变幻。

皇恩浩荡如春风，吹到了黄州的东坡。他要离开黄州了，当地人给他饯行，还让有名的歌妓表演助兴。有个漂亮的女孩子名唤李琪。她能歌善舞，甚是可爱。有人就问东坡，你看李琪这么好的一个女孩子，你在黄州待了四五年，到临走你怎么都没给人家写过一首诗？你们这些大诗人大文人不都是爱美的吗？美是什么，古希腊的雅典人不都一下子先想到美女吗？于是东坡即席作诗：

东坡五载黄州住，何事无言及李琪？

却似西川杜工部，海棠虽好不吟诗。

他说我东坡在黄州待了五年，别人问我，怎么一首诗都没写李琪这个女孩子，而她是如此出色。原因很简单啊，就好比唐朝杜甫在四川，他看到海棠那么美丽，但他一辈子没写过一首海棠诗。所以后来就留下一个悬案：杜甫写那么多诗，杜甫喜欢花，"黄四娘家花满蹊，千朵万朵压枝低"，但他确实没有写过一首海棠的诗。原因何在？没有人知道。有学者说，这是因为杜甫之母乳名"海棠"。但依然难成定论，让我们仍然很费解。

诸位读到这一句，就知道东坡这个话很实在了。如果这句诗表明他在想自己的妈妈，那么这跟后文的诗句可以联系在一起。父母的墓茔都在万里之遥，但是自己回不去，困在世网中。当然"思乡""思亲"不是最重要的。东坡还夸过他几句，说杜甫这个人有时候诗兴大发，可他就是没有心思写海棠，但东坡也不说具体原因。所以当我们论及海棠的时候，会想到很多东西，想到家乡、家人、家，想到母亲、妻子。再好的花都有凋落的时候，何况在忧愁

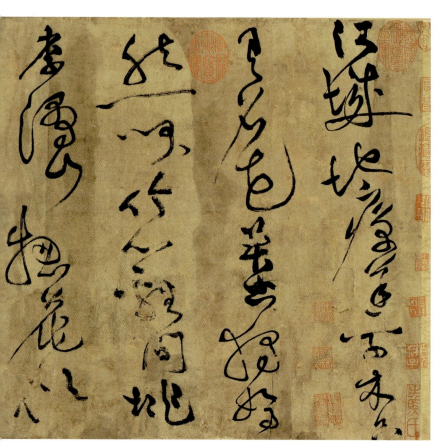

宋　黄庭坚　临苏轼海棠诗（局部）　34.5cm×263cm　台北"故宫博物院"藏

如秋日苦雨般的春光里。人生如是。

海棠这花，可说的还很多。传奇女作家说的人生三恨并非原创，前已提及。又说海棠，东坡家乡四川的海棠其实也并非全都不香，也有香的，科学依据都摆在那里。虽然这些都是正确的，不过说读诗，这黄州海棠不香，是不是也可能更有趣一点？

暗中偷负去，夜半真有力。

这句话也好玩。先说这个"暗"字，东坡写作"闇"。"门"里一个"音"，重视的是声音上的"闇"。暗中没有发出声音，"偷偷地进村，打枪的不要"，像电视里演的那样。它不是日字旁的"暗"，侧重光的那个"暗"。我们现代有个画家，工笔大家，叫于非闇。用了东坡这个重视音的字。于老师是齐白石的学生，学得怎么样，您可以自己去看看。

"暗中偷负去，夜半真有力。"书上都会写，这是《庄子》中的一个典故，说的是把船藏在山沟里面，把船放在大泽里面，就以为不会被偷走，可半夜里那个有力量的人照样把船扛起来，偷走了。当然，有专家说庄子"藏山于泽"的山，未必是小船，而是真正的山——高山。把这山藏在大泽里，是所谓藏大于大。义理高深，这里且不多说。但是，要想的是，这"真有力"的是谁，又偷走了什么？有人说是时间。时间，能使高岸为谷，深谷为陵，大家是都知道的，但是，却未必都愿意相信到底吧。至少，有时候未必愿意。时间是什么？时间永远、永远是人类最大的未解之谜吧。此外，要想想是什么把什么偷走了？偷的是什么呢？是海棠花，是爱情，是青春，还是美好的时光？是谁偷走的？是什么？反正是没有了……我们读过朱自清先生的那篇名作《匆匆》，其中说"是有人偷了他们罢"就是这个意思。我们不知道是被谁偷去了，只能说，时光流转，天道无情。"暗中"的意思就是不知不觉地被偷偷地扛起来，拿走了，无声无息。而且，注意"夜半"这个词。天道无情，一觉醒来，人又老了，花都落了。但时光无情，偷人的青春，难道只是在半夜里偷吗？不是的，它随时都在偷。这句话的侧重点在于，不知不觉，年华暗转。很多时候，人对自己的生命是没有体认的，糊里糊涂地就老了。所以叫"暗中偷负去，夜半真有力"。而当人认识到的时候，就会感受到这种力量的强大。

但这种认识还是不够的，还需要注意两点。第一点，如果这个东西真的足够有力的话，又为什么要偷偷地扛走呢？它不是明目张胆的吗？这还是人在用自己的心意来臆测天道。第二点，"负"这个字很有意思。举个例子，我是一个北方人，到杭州念书很多年，以前我这个人非常古板，整天关起门来哪也不去。一个前辈来看我，他对我说，你在杭州这么多年，有没有去过灵隐寺？我说从来没有去过。他很生气，他说你在杭州这个山清水秀的地方这么多年，连灵隐寺都没有去过，这样是不对的。一个人做学问、过人生，应该用很多的力量来完成自己，要善于得湖山的帮助，你这种行为就是辜负了好湖山啊。注意他用的词，"辜负"。一个人非常爱另一个人，但得不到回应，就可能由爱生恨，觉得对方对不起自己，辜负了自己。于是，那个人变成了一个"负心人"，就是不知不觉间把心给扛着偷走的人，这就是英语里的"偷心"。这个解释是不是强词夺理了一点？有个电影叫 *Stealing Beauty*，青春美人丽芙·泰勒出演，有人把它翻译成《盗美人》；有人可能嫌不够风雅，就译成《偷香》。用香来称美人，当然是好，当成有香的海棠了。但美人亦是有心。她的寂寞芳心交给谁，情归何处？但人的心被扛走，就变成了一个失魂落魄的人，因为你的心不再属于你。总是个"暗中偷负去"，不知不觉，后知后觉。

什么叫真有力？谁能偷走你的心，谁就有力。哪怕这个人是个病秧子，身高 1.85 米，体重只有 49 公斤，照样把你的心偷去了。这就是感情。这四句连在一起，你能不能感受到这首诗的神奇？诗的情感表达是回环曲折的，里面有很多的想法，但都是用不同的瞬间拼凑起来的。如果用句粗话来讲，它是把各种东西一阵乱炖，煮成一锅。所以我给你煮成什么，给你磨成粉，熬成糊，然后你一咕噜喝下去，哪知道里面到底有什么成分。因此读不好时往往是囫囵吞枣的。诗不好读，要去发现问题。

世界变了，不知不觉地你也变了，但可能你并不是很清楚。活在世界上，有一天突然发现自己老了。但很神奇的是，自己以前怎么不知道？这就叫"偷"，叫年华暗转。什么叫"暗中"？不是真的是没光，而是因为看不见，听不见，闻不见，不知道。如果再讲得深一点的话，"夜半真有力"跟他后面讲到的小舟也有关系。偷负去，心何在？心仍在，却也能心痛，隐痛。

东坡文才，历来很受佩服，很少有人敢跟他叫板，除了有名的李清照，堪称巾帼英雄了。东坡的诗，我们说了叫"以文入诗"；东坡的词，世称"豪放"，与后来南宋的辛弃疾并称。这里谈到这个"负"，稼轩几句《玉楼春》却上心头：

镜中已觉星星误。人不负春春自负。梦回人远
许多愁，只在梨花风雨处。

　　"自负"二字说人，是平常的。这里来说"春"，味
道大不一样：天意人事，往往只能如此。后人常说"苏辛"，
其实辛的才雄，实在不让东坡。我们赞美、欣赏东坡，却
不必处处都说他的是最好。这是宕开一笔了。

　　读诗不易。难在哪里？跟写字一样。这一个一个字，
一句一句话，怎么把它们连起来？本来好似一点关系都没
有的词句，怎么把它们捏在一起，拴在一处？靠什么，凭什
么，靠一个"字眼"的勾连过渡，引线穿针，还是靠内在
的感情与无处不在的"意"？瓜可以强扭，但瓜也会不甜。
所以看下面这句，它的意思偷偷摸摸溜去了哪里——

　　何殊病少年，病起头已白。

　　有人认为，这最后一句是"须"已白，头发成胡子了。
这就涉及认字问题。从书法上来看，应该是"头"，繁体
是"頭"，字形似"须"，简、繁体，现在的读者容易出错。
不少朋友告诉我，网上很多都是写成"须已白"，错了。

（传）宋 李公麟 西园雅集图（局部） 47.2cm×1104.3cm 台北"故宫博物院"藏

如果东坡要写胡子，应该写成"鬚"。至于从诗的格律来讲，应是"须"或"头"，又是一种讲究了。但考虑到东坡"以文入诗"的豪放，他于诗律大约不会处处拘泥。但诗，无论是作为声音，抑或形象的作品，都是有知识、有学问的，都需要学习。这叫"专业"。

这里还要提醒一件小事：研究中国文学的学者，不少人不太注意书法。专业限制，大可理解，但有时的确会出问题。一个突出的例子，黄庭坚的名作《花气薰人帖》，台北"故宫博物院"的镇馆之宝之一。此作品中的"诗"字，研究者历来认为这个字是"诗"，应是根据山谷的诗集来定的。但是也有书法工作者注意到这字写法的奇怪，写成了一个草书"讨"字形。而就书法的草法而言，这样处理"诗"字，是少见的。

回到《黄州寒食诗》。

您会发现，我爱用"奇怪"之类的词。请相信，这并非喜欢浮夸，而是因为诗的神奇。诗，一读入，读进去，就很难不发现问题，这问题又让这诗句一点点有意思起来。但诗是不容易进入的，书法亦然，也许更难。比如研究苏轼，看他谈诗就可以了，一字一句地读，读不明白，说不出所以然，那也很可能无法进入书法。所以我们这里讲东坡的书法，从诗开始，也不是为了绕弯子。这是我们学书法理论、研究书法史非常关键的一个理论基点和难点。字的意思你看不懂，不愿意看懂，没能力看懂，又有多大的可能看懂书法？因为它们统一在一个东西上，就是一个"意"：书法讲"笔意""笔法"，诗讲"诗意"，也讲"笔法"。不知道"笔"的丰富，不知道"意"里多少元素交相运作，变幻莫测，又怎么可能懂得书法里的这个"笔"与"用笔"之法？

最后这句诗是不是神奇？苏轼一个40多岁的中年人，在这个地方感慨春光易逝，自己老了，又过了三年，怎么会突然想到少年？为什么会讲到海棠花？时光流转暗暗被人偷负去，经过两个月的秋天的萧瑟，怎么会突然想到病少年呢？这个病少年有什么不一样？一病起来发现自己的头发全白了，这到底是什么意思呢？现在我东坡老了，在黄州忧愁风雨，所以我的头发都白了。那又怎么会讲到少年白发呢？一个十八九岁的少年得病卧床，整天躺在寝室看西湖，突然有一天早上起来发现自己的头发白了。少年的头发也会白，就像东坡的头发现在也白了。有什么不一样？诗是大东西，而读诗却要小心，细腻。

先说"头白"。诸位相不相信，一个人正当青春年少，会有一夜起来突然头发白了？其实正常。举个例子，京剧里的伍子胥，因为国仇家恨要逃到吴国去报仇，但过不了昭关。伍子胥觉得自己如果不能逃走，死在这里，报仇无望，那这一辈子活什么劲儿？于是彻夜难眠。早上起来洗脸，往水里一看，头发白了。这叫伍子胥过昭关一夜白头。说书、唱戏都是艺术，也有讲究。比如有人挑理，说伍先生这个白头为什么不拿镜子照？怎么说呢，时光如流啊逝者如斯，在这纷纷不息的人世，你慢下来、停下来、琢磨琢磨，也许你就能照见你自己了。古人说，止水可鉴。再比如，李自成起义，要过黄河完成大业，但是没有船，过不去，愁思难解，一夜白头。那东坡说的是什么呢？人生活在无情的历史中，受到折磨，谁都搞不清楚是怎么回事。你眼睁睁看着一个少年就老了，觉得自己怎么也老了，都一样。人生这种凄苦的悲哀在哪里？春天也可以是秋天，少年人也是一样地生老病死。老话说"黄泉路上无老少"，古人又说"公道世间唯白发，贵人头上不曾饶"，该死的一样都得死。这就是人生，这就是生命感。寒食之为节意义重大，端在于此。

这十个字，看起来那么简单，但真的琢磨一下，味道是怎么样的？病少年，少年也会得病，也会白头，也会死。为什么？少年易老，这是一个遭受了人生残酷打击的中年人发自内心的体悟和感慨。当然说是感慨也罢，说是道理也罢，这都是一个人生的现实。这句话还可以讲下去，为什么会讲到少年？可能是想到海棠花了，那么娇艳，那么美丽，当然是像少男少女一样。由少年又会想到如花美眷、似水流年的《牡丹亭》。这时候问题又来了，说到"须"这个字，再说说胡子，既然是少年，哪来的"病起须已白"？按照古人的规矩，一个男人留胡子了，那就不再是所谓的少年，而是成年人。老话的，而且大胆一点说，"须"难道不可以说是"须发"吗？也未尝不可。所以我们读诗，发现有时候每字每句都是清清楚楚，白纸黑字的在那里，但其意思，却好像是模模糊糊的一团东西，不是一下子就能争得明明白白。古人有个词叫"浑然"，可能与此有关。诗，是大东西，这是一个有趣的例子。

当然，古今中外也有很多人感慨人生易老，海棠可以说成是人，可以说成少女，可以说成是少年。但说成是病少年，就能感到人生很快便凋落成泥无颜色。面对时光流转，无情逝去，人是一点办法都没有的，无可奈何。所以说春去不容惜，想惜也无用，想贪贪不了。

讲个故事。

有个画家朋友，我认识他的时候，他头发是很黑的，经常有人问他是不是染头发了。去年有一天我看到他，发现他的头发都白了。我很惊讶，问他："几天没见，你的头发怎么都白了？"他说："早就白了，20年前我的头发就全白了。"我说："你以前的头发是染的？好好的染头发干吗，白头发挺酷，周星驰似的。"他说："不是这样，我不是为了酷。"我说："那是为什么？"他说："我以前染头发，是因为头发白了之后，我妈妈看到我，就会说，'你太辛苦了，你要注意身体，你的头发又白了。你看看我，我的头发都没白呢。你太辛苦了，我很担心'。"他很孝顺，不想让母亲担心，就好好吃、好好养，然后把头发给弄黑，每次都弄得很黑，妈妈见到就说很好，现在头发又黑了，身体没问题。我问他："那现在你怎么不染了呢？"他说："妈妈得了阿尔茨海默病，已经不认识我了，没有必要再染了。"我很感慨，写了篇小文章，《白头吟》。唐朝人也用这题目写诗。

这就是人生。我们在读诗的时候，如果认真地"以意逆志"，来走进诗人的情感世界，就会发现自己内在的情感被打开，容易进入一个多情善感的状态。什么叫多情善感？在艺术理论里面，多情善感，是指人跟另外一个心灵、感情、世界沟通和交流的可能性被发现了。在文艺理论里面，善感的意思，就是更容易在感情上理解别人。我们要认识到一点，有时候人的情感表达和理论表达一点都不矛盾。比如东坡的诗写到这里，他对人生的感慨跟表述"时间留不住，青春无法停留，人生的每一秒都在衰老"这个道理相悖吗？没有。完全是一体的，统一在这么平淡的一字一句组成的诗里。柏拉图说："生命就是连续不断的死。"读东坡的诗到这里，给大家讲柏拉图的这句话，你们是不是觉得非常容易理解，并且能够感同身受？一个小问题，诸位，柏拉图这句话是在讲生命的真理，还是在抒发他对生命的感慨？

黄州寒食诗
其二

春江欲入户，雨势来不已。小屋如渔舟，濛濛水云里。

空庖煮寒菜，破灶烧湿苇。那知是寒食，但见乌衔纸。

君门深九重，坟墓在万里。也拟哭途穷，死灰吹不起。

接着讲第二首。

首先要提醒一下，苏轼这两首《黄州寒食诗》在他的诗词作品中并不是很出名。现在很有名，主要是因为书法。举个例子，林语堂先生天才绝艳，他的《苏东坡传》写得挺好，但是严肃地讲，在他那一辈的学者里面，林先生研究中国文学历史的功夫并不是顶尖的。鲁迅就认为他的古代汉语不够好，他们原来关系挺好的，后来闹僵了，可能跟这个也有关系。无论怎么样，有一点是可以肯定的，读古书和古诗是不容易的，但是每一个受艺术教育的人，尤其是我们，在这里谈艺术和书法，是希望能够打破古今中外的隔阂，能够跟古人有所交流，跟另外时空的人有所沟通。这是艺术拥有的莫大的教育意义，一个开放的意义。

除了写《苏东坡传》的林语堂，从古到今有很多人也研究过东坡，写书谈他。苏轼在元、明之后，尤其从明朝开始，是广受崇拜的，很多人认为他是一个仙人。我特地提到这一点，说他是仙人，是因为书法史上说圣人、仙人跟这个都是相关的，这是谈理论的问题。

那么多人研究苏轼，他的传记也有很多种，但还是没有人写得比林先生好，这是挺可惜的事情。或许大家没有发现，林先生写的《苏东坡传》中没有提到这首《黄州寒食诗》，也没有提到《黄州寒食诗帖》。为什么？林先生不是书法专家，这首诗也并非那么重要，或者说在文学的范围里并非那么有名。宋朝之后，一般中国人不容易看到这个帖，这就涉及《黄州寒食诗帖》的再发现与传播问题。现在在网上可以很容易地找到它的相关资料，可以很清晰地了解它如何再次回到中国人的手里，进入台北"故宫博物院"。林先生可能没有看过这件书法作品，如果看到，很可能会在他的名作里加上重要的一笔。他是喜欢书法的，虽说在《苏东坡传》里只是简单谈了几句，见地却不一般，可以说高过很多包括书法专家在内的文人教授。只是我们现在在这里做专门的论述，要求还是想多一点。

为什么要这样读诗？诗是为了让我们认识到，理解艺术、理解书法，重在一个"意"字。这个"意"的打开、"意"的进入，是需要机会、需要路径的。读诗、读文，是进入书法世界的非常重要的准备和修养。从广义来讲，书法可以说是汉字的艺术，所以人很难摆脱对汉字里蕴藏的情意世界的把握和体会。认真读诗，是为了进入一个人广大丰富的内心世界。人的心充满悲欢离合，充满着人事和大自然难分难解的忧愁风雨。读诗就是为了让我们多情善感的，为什么呢？原因非常简单，人若不多情、不善感，怎么可能看清、看懂书法呢？

观，这个字，从思想上来说，与《易经》有关；比如"大观""观复"这样的词，常见诸文艺著作。学书法的可能知道，宋朝有个著名的字帖，就叫《大观帖》。学古人写字，这部书是绕不过去的。当然，最著名的，还是宋朝的《淳化阁帖》，叫"刻帖之祖"。

读诗不容易，因为诗很大。什么叫"大"？里面东西多，内容丰富。为什么呢？用孔子的话来说，"诗，可以兴，可以观，可以群，可以怨"。这里面强调两个字。第一个是"观"，刘熙载在《艺概》里说到"二观"，说"观"这个字很重要。另外强调一个"怨"字，这个字很有趣，为什么呢？很多人都说中国是个早熟的民族，众所周知，中国的诗词从古至今有两个主题始终存在，四个字，"叹老""嗟穷"。什么是"叹老"？人生易老；"嗟穷"，是说人生容易困顿，找不到出路；"穷"，是穷途末路，无路可走。所以为什么说王勃写得最好，他在少年时就写了《滕王阁序》，充满了人生感悟。比如"冯唐易老，李广难封"，人眼睁睁看着自己一身本事，还没有找到地方施展就老了，一事无成。什么叫"嗟穷"？"关山难越，谁悲失路之人？萍水相逢，尽是他乡之客"，这叫寂寞孤独。

人生是很平等的，"公道世间唯白发，贵人头上不曾饶"，人都会老，而且都有机会体会人生易老这样的情绪，在这一点上，人生无别，都一样，机会是均等的。但请注意，我不是说人生都可以是一样的幸福，而是说人生可以有一样的苦难，以及有一样的对苦难的认识。从这个意义上来说，人也就同样具备了解脱的可能，从哲学意义上来讲，人人都可以成佛。为什么呢？因为人人都在受罪，人人都在受苦，人人都可以从苦难里面用另外一只眼睛来看自己，来想办法，思考人生是怎么回事，人应该怎么过下去。这里要学的，是人要活得快乐、活得美丽吗？外国诗人里尔克说过一句话，现在很受欢迎，用流行词来说是颇"丧"的，大意是："人生其实只是坚持到底，硬撑着活下去。"

我用这个"颇"字是故意的，它的右边有个"页"字，意思是书的一页纸吗？

法国有个大诗人，瓦雷里，他知道并喜欢陶渊明。他写了一首诗，放在这里也许可以让大家理解苏轼情感世界里面的某些维度。这首诗大家肯定都听说过，它因为日本人的小说与电影而大为著名，诗中说："起风了，只有努力活下去。"人要勇敢活下去。勇敢是什么？风是什么？风在中国人的世界里面可不只是风，风带着雨，风雨飘摇，羲之頓首喪亂之極先墓再離荼毒追惟酷甚號慕摧絕痛貫心肝痛當奈何奈何雖即修復未獲奔馳哀毒益深奈何奈何臨紙感哽不知何言羲之頓首頓首

晋　王羲之　丧乱帖　日本宫内厅三之丸尚藏馆藏

是人世的影像。

　　我们读得比较细，但还可以更细。细，才对得起诗，对得起自己。其实划算着呢。读诗跟看艺术品是一样的，你得自己去看，要用自己的眼去看，不能只听别人说。这对书法来说同样重要，书法是看的，好的看，古人叫作"读"。董其昌，这个明朝第一书法家，他谈书法，特别强调自己的看。人不能只盯着自己的耳朵"闻"。我闻海棠花，不能总听别人说，不能老问别人是什么味道，而要自己去看，自己去听，自己去闻：睁开自己的眼睛，才能看见书法。眼睛是自己的，自己在眼睛里。

　　胡子白，头发白，都可以讲。东坡发现胡子白了，就是跟少年不一样的地方。人有病，天知否，但是我知道我的胡子白了。少年也老，但是我更老了。这样也有意思。毛泽东有词，说"人生易老天难老"，是写重阳节，重阳很重要，前面我们提到过，正好可以拿来跟寒食相对，"岁岁重阳，今又重阳"。毛主席的诗句很有"天行健"的大力量。

　　下面接着说"战地黄花分外香"。但是东坡这里讲到海棠，海棠是没有香的。我特别提到张爱玲的话，为什么没有香？在中国诗词里面，尤其是宋词里面，谈到这种不那么招摇的花的时候，比如我们写梅花，会讲"暗香"。什么叫暗香？悄悄的、隐隐的，不容易被发觉，就叫暗香。海棠一点香都没有吗？未必，但不容易被察觉。这是哲学意义上的，很玄奥。还叫什么？注意这个用词，叫"幽渺"。

讲到"怨"字，怨是人生不能逃避的，对一个艺术家而言，不要怕怨。人家说你又抱怨了，不够积极，不对的。人要怨，要会怨，要能够找到一个办法把怨的情绪抒发出来。写诗是不是这样？画画是不是这样？学习是不是这样？为什么？诸位，因为人是有情有义的存在，他怎么可能没有怨？所以说叹老嗟穷，都是一个怨字，怨是正常的，没关系。

怨字说完，来看第二首寒食诗，东坡的情绪是否更加明确。

春江欲入户，雨势来不已。

这就是接第一首，两个月秋萧瑟，雨势来不已，他是说苦雨萧瑟。特别让人眼睛一亮的一个词，我讲第一首是"自我"，第二首是什么？诸位，是"春江"。我们看中国字，只要看到春江，就会觉得心里面一亮，对不对？为什么？因为春天是美好的，江水是流动的，放在一起，这是流光之美。有首歌叫《流光飞舞》，配着电影是很好的。我曾想过怎么理解这个名字，怎么把它翻译成英语。也许，译成"Dance to the music of time"？说起"流光"这个词，旧时多见，都说"如花美眷，似水流年"，而在这"流年"之上，人们建立起各自的"似水柔情"吧。"流光容易把人抛，红了樱桃，绿了芭蕉"也是宋朝人的句子。我把这个"了"念成"liǎo"，绿了芭蕉。什么叫"了"？诸位，了是死的意思，完结了，对不对？所以讲到春江，我们会想到流光飞舞的流光之美，但是这也提醒着我们人世无常的哀伤，所以美往往是哀伤的。日本作家川端康成，他是不是喜欢讲日本那种"物哀"？不过，不管他们给了多么不一样的名字，这种精神在中国的诗歌传统里是明显的。

"春江"。看到这两个字，我们马上就会想到《春江花月夜》，对不对？很多人喜欢这首诗，觉得它很美。有人呢，又觉得它有些哀伤，人是如此短暂的存在啊。然而，又有人说，好在这短暂的人生可以被"诗情画意"丰富、深刻，"不虚此生"也是可能的吧？于是，就有了"哀而不伤"，是很古典的好境界。唐朝诗人还留下了名句："年年岁岁花相似，岁岁年年人不同。"诸位都知道，这首诗就有点叫人哀伤了，据说因为这诗写得太好，有人想把它

又可以留着多看雨天。品的東西有時候倒是

外頭沒有的。上次那隻火油鑽，不肯買給我，

L說着白了易先生一眼，「現在談要多少錢了

？火油鑽沒毛病的，一碰到十幾、幾十兩金子一克

拉。品还説火油鑽粉红鑽都是有價無市。」

易先生笑道：「你那隻火油鑽十幾个克拉，

又不是鴿蛋，叫鑽石呂嘛，也是石頭。戴在手

上牌都打不動了。」

牌桌上的確是戒指展覽會，佳芝想。只有她

沒有鑽戒，戴来戴去這隻翡翠的。早知不戴了

，叫人見笑——正都看不得她。

近现代　张爱玲　《色戒》手稿　尺寸不详　藏处不详

给偷走，据为己有，使得作者被谋杀了。为什么？"生年不满百，常怀千岁忧"——人生苦短，有人还是想图个千秋万岁名的。为了永恒。

"春江欲入户"，雨让江水变得更壮大，另外一层意思是说我住的地方离江太近了，住宿条件不大好。东坡在黄州生活不易，后来建了一座房子，叫"雪堂"。这个房子是在12月造好的，那会儿下着雪，所以叫"雪堂"。雪堂与我们艺术史关系密切，因为里面挂了东坡的很多画，并且因为这个挂画的事情，受到有志之士的批评。有的人说，苏轼，你为什么还看不开？一个人活到这个份上，还要把自己有限的生命花在写字画画上吗？还要执着于这些可见的东西吗？东坡写了一篇《雪堂记》，专门在哲学上回应了这种批评，这也是他的自我反思与学习。学艺术的朋友，可以好好读一读这篇文章。

雪堂当然也是东坡的作品，充满艺术气息。正是在这座房子里，他接见了一个非常重要的宋朝艺术家。这位艺术家当时还是个年轻人，名叫米芾。我们讲《黄州寒食诗帖》可不是只讲到黄庭坚。

讲到"春江"，我想到东坡以前写的另一句很有名的诗："春江水暖鸭先知。"可东坡这么聪明的一个人，并不是一只名叫先知的鸭子。他可能一点也不先知，要不然怎么落到这个份上？人生很难，不要老想着自己了不起。当东坡摊上事的时候，官差来抓他，东坡自己说他吓得要死。官差让他出来接圣旨，他不敢出来，躲在后面想自杀。押解上京见皇帝，半路上他要跳江。我们以为东坡很豁达、乐观，事实是这样的吗？不是的。人生一路，风雨兼程。

"春江欲入户"，这个雨是不是很可怕？人生是不是很危险？周作人请沈尹默老师写"苦雨斋"挂起来，整日关起门来写字、读书、做翻译，不亦乐乎。他的生活着实比东坡要好得多，但他还要说"苦雨"。他说往那一坐，听听雨，"可抵十年尘梦"，分明挺会享受。当然，东坡也很会享受，但是我觉得东坡的享受和周作人很不一样。东坡很能吃苦，而且是真苦，但他很能够苦中作乐，这跟他的人生哲学有关系，我称之为"朴素的人生哲学"。人生的苦味，不必"寒斋喝苦茶"来品尝。闻闻海棠花，洗洗春江水，方便得很。

小屋如渔舟，濛濛水云里。

雨这么大，江水这么大，发大水似的，他住的小房子就像一叶渔舟，"濛濛水云里"，就在这片水云中间。什么叫"水云"？有的人喜欢文雅生活，弹琴、品茶、阅报，等等。有一首古琴曲很有名，叫《潇湘水云》；东坡画过一幅画，叫《潇湘竹石图》，这些作品的名字里面都有"潇湘"两字。为什么？因为里面有个"水云"，缭绕变幻，尤引人遐想。

顺便说一句，东坡的画，存世的有《潇湘竹石图》《怪木竹石图》等，前者现存中国美术馆，后者藏于日本。但遗憾的是，没有一件真正可靠。

我们看到"小屋如渔舟，蒙蒙水云里"，不由得想问东坡一句，这个水都漫到你们家里来了，你为何不弄个舟就走了呢？"吾欲买舟而下"，谁能拦得了你？你怎么不跑呢？他不跑，所以他的弟弟苏辙在他死后写文章祭奠他，说我哥哥当了30多年的官，受尽了罪，但是他没有规避。东坡那么喜欢陶渊明，因为陶渊明能够一走了之，不做官了。那么他为什么不走呢？坐着船走，"不如归去""五湖烟水独忘机"，谁拦着你？

诸位，我们可以讲人生有很多无奈，人生为什么那么苦啊？因为明明有条路在那里，但是你就走不了。人说穷途末路，你是真的没有路可走吗？不是的，人生的路比比皆是。人生的艰难恰恰是因为可以走的路太多了，但你就是不走，对不对？所以说"蒙蒙水云里"这句话让人有很多哀伤的联想，悲愁的情绪。东坡应该去做陶朱公范蠡，最后辅佐勾践得天下了，范蠡不就走了吗？文种不愿意走，不就被杀了吗？你看看人家范蠡，泛舟五湖做生意，成为当时天下最富的人，叫陶朱公。什么叫陶朱？诸位，后人解释了，陶朱就是"逃诛"，想不被人杀掉，从被杀的境遇里面逃走，叫陶朱，这是个谐音。我离开这个罪恶的世界不行吗？东坡不行，他不走。所以说，你不走，你就在这里老老实实待着，你得受罪。

空庖煮寒菜，破灶烧湿苇。

这是苏轼在写自己在黄州现实的生活。有人说他很落魄，吃不好、穿不好、睡不好，我不同意。我认为他在里面描写的生活是一种正常的生活。往下看，苏轼说他吃饭，人有个很无奈的地方，诸位，只要活着就得吃饭。人为了挣一口饭吃，要付出很多的艰辛和努力，所以陶渊明说他不愿意为五斗米折腰，这是很难的。我们近代有一位艺术大师、书法家、画家、篆刻家，叫赵之谦，他刻过很著名的一方印，叫什么？"为五斗米折腰"。反过来我做不到，我就得为五斗米折腰。龚自珍说："著书都为稻粱谋。"就是我要吃碗好饭。有人说活着要吃饭，有人说我要吃得好

五斗折腰

清　赵之谦　为五斗米折腰　4.8cm×4.8cm　私人藏

一点，于是人生就有了很多的磨难，很多的无奈。

那么苏老师怎么吃饭呢？"空庖煮寒菜，破灶烧湿苇。"没有一体化的电气设备也挺讨厌的。五湖烟水再好，你也得吃饭，填饱肚子。大家知道东坡吃饭很讲究，他在黄州为中国的美食文化做出了巨大的贡献，发明了特殊的苏式红烧肉，叫东坡肉。杭州人没文化，老卖它，东坡肉其实跟杭州关系不大。东坡刚被贬到黄州的时候日子很难过，工资那么少，官很小，没有钱。宋朝文官的待遇基本上是很差的，工资非常低，他一家十来口人怎么吃饭呢？但是他到黄州后一看，来自信了，很有意思，为什么？他说黄州这个地方到处都是竹子，我们四川人都是半个属熊猫的，一见到竹子就有的吃了。而且你看这里离长江这么近，数不尽的河鲜可以吃，鱼虾多的是，猪肉也便宜。好，他不害怕了，这是东坡自己说的。你说这是雅还是俗呢，各位？不是雅也不是俗，人得关心自己这张嘴，无论你的嘴是乌鸦嘴还是喜鹊嘴，你一样都得吃饭。

生活过得不大好，只能吃寒菜，寒菜是什么菜？就是冷菜、过夜菜，不舍得扔，放在那里，直接吃会拉肚子，所以要热一热。有人说，寒菜就是一种菜，名叫寒菜，四川就有，现在还挺多。苏东坡是四川人，特别喜欢吃家乡

甚安也 子由不住得書甚健

會合何時惟祝倍万

保嗇不宣 軾再拜

德孺運使金部老弟坐

七月廿七日

的味道，就像熊猫爱竹子。这样说自然有理，我们还可以考察一下，现在历史上，东坡的老家是否有种名菜叫"寒菜"，就要冷着吃，宛如猪皮果冻。

开个玩笑。但诗里有学问，要学的很多。就是单单从知识阅历上讲，可以学习的也非常多。所以孔子教他儿子要读诗，可不是训练他长大当优秀的文艺青年，他关心的是生活，实实在在的生活，过日子。苏东坡会过日子吗？太多人，比如知识分子、艺术家，纷纷说他是美食家、生活派，这里且不谈。可以肯定的是，他现在的生活条件是不大好的。

又一个故事。身边事。

昨天去食堂吃饭，出来时看到个女人洗饭盒，仔仔细细地洗得很干净。我就问她，你怎么不在食堂吃，还不用刷碗。她的回答很让我惊讶，她说我早上做的饭没有吃完，我觉得把它扔掉很可惜，所以我就带到学校吃了。诸位，这是一种人生啊，很多人不能理解，她放着新饭不吃，吃自己的剩饭干吗？可能还不卫生，但这就是人生。饭的滋味，有时在饭外，在生活里，是不是？闲了您可以找一找。

"破灶烧湿苇"，自己的灶台是破的，烧的是什么东西？烧的是被雨打湿的芦苇，芦苇当然不好烧了。也就是说自己的生活是很拮据的，为什么？因为囊中羞涩，没有钱，没有地方是干燥的，不能好好地生活、吃一碗热乎乎的饭。至于东坡在黄州有多穷、钱有多少，大家可以看他自己的书，因为他写了很多东西，记录下来了。比如，他留下一个典故，叫作"叉钱"。比如说他一个月工资是 4500 元，古人不是串钱串子嘛，东坡是把 4500 元，分成 30 份，挂在那里，每天用钩子挑下来，拿去生活。如果钱花不完就丢在另外一个地方，放在一个存钱罐里，就这样过日子。如果东坡搁在今天，他肯定是记账软件的忠实用户。

这里讲寒菜和湿苇，不单是讲他生活得不够好，还讲到这特殊的时间。即下一句"那知是寒食"——正好赶上寒食。他想表达的是：本来我过得就够寒酸了，现在又是一个寒食，那可真是寒上加寒。从汉字来讲，灶，他用的是"竈"字。这个字挺难写的，东坡把它处理得很好，胆子很大。这个字的字形很有意思，我们要多注意。前面讲到暗（闇），这里讲到灶（竈），对字形不敏感，不能谈书法。为什么用了这个字而不是用另外的字，这是有讲究的。但这个讲究对一个写字人来说，会带来一个附加的问题，即如何处理不同形体的汉字。书法家对形象、形体的敏感，有时会影响他对字形的选择。比如暗（闇）有多种写法，为什么选择这个字形？哪一个选择占据了主导？也就是你要让这个字的哪一重"意义"显露出来。

那知是寒食，但见乌衔纸。

我哪知道何时是寒食？直到我看见"乌"这种鸟衔着纸飞过。

"乌"是什么，是乌鸦还是喜鹊？这两种鸟不好分辨，是非常需要大专家的。唐人诗说："朱雀桥边野草花，乌衣巷口夕阳斜。"其中有乌或鹊鸟之类。曹操的诗《短歌行》中说："月明星稀，乌鹊南飞；绕树三匝，何枝可依！"短歌即英语里的 sonnet，莎士比亚的十四行诗即为 sonnet，sonnet 的本义在拉丁文里就是短歌。曹操也是感慨人生："对酒当歌，人生几何。"我为什么讲到曹操？因为东坡在黄州留下了另一件著名的作品，《赤壁赋》，董其昌称之为东坡最好的作品。"月明星稀，乌鹊南飞"，英雄处在乱世，不知道到哪里去建功立业，投靠明主。我像一只夜半失群的孤鸟，像一只乌鹊一样，在月明的晚上绕来绕去，但是我要落在哪棵树上？谁才是一个理解我、懂我、爱我，愿意让我的生命变得美丽而饱满，让我不虚度此生的人？曹操很感慨，他的诗是讲给自己听的，也是讲给他手下的人听的。我们记得这一段，曹孟德横槊赋诗，慷慨激昂。所以这句诗里谈到"乌衔纸"，我们就不得不想到有只无法辨别的鸟衔着纸。想到寒食，寒食是扫墓之时，与逝者相关，鸟衔着纸，因此有人说是纸钱。

有人说，乌，肯定是乌鸦，因为乌鸦象征着死，有理。不过有趣的是，乌鸦为什么成为这个象征？这不仅是个艺术图像学问题。当然无论如何，看到这里，你会一增愁绪，知道又是一个寒食，这人间心情生死相交的时候，真叫人内心交战。"冰炭满怀抱"，陶渊明说。在因为死人而活人不能用火的节日，这人心里就更苦寒。还是那位"一世之雄"曹操，不是写过著名的《苦寒行》吗？就算你烧起野火堆，也暖不了体内的这颗心吧。

所以"寒"这个字，残酷。寒不仅是冷，寒比冷更冷。有个德国导演拍了部电影，《爱比死更冷》，他何出此言？

唐朝有个诗人，叫寒山，是个和尚。这个人的精神出了国，影响了美国的嬉皮士运动。有部著名的小说，*Cold Mountain*，拍成了电影，翻译成《冷山》；错，应该译为《寒山》。冷到彻头、彻尾、彻骨，就成了"寒"。寒到透彻，通天彻地，人就得了"彻悟"。

一点禅机。

当然，说得再玄，再理论，"寒"也是个很简单的字，谁都知道它说什么，因为人活着，谁没有感觉。在中国的语言里，尤其在北方，寒还有贫穷的意思。说这个人是寒士，出身寒门，就是说他不够有钱，不够有势，也就过不上好日子，没法享福、享清闲，往往也难享天年。"贫寒"二字很文雅，说的却是实实在在的生活经验。这句话接着上文"已过三寒食"。东坡才知道，又一个寒食节来了，过了，冷冷地经过了，心也还在寒着，配着这叫寒食的节日。他是过客，"我亦是行人"。

无法确知的鸟，也可一说。东坡被贬黄州，史称是小人告密，告密者是《梦溪笔谈》的作者沈括。又有专家考证，结论是沈先生是冤枉的。那么，害得诗人差点被判死刑的奸险小人是哪一位？不知道，如同形象无法给出高清图像的飞鸟。鲁迅夜里睡不着，"哇的一声，夜游的恶鸟飞过了"，鸟叫的，人听的，尽是人间的险恶。"人问寒山道，寒山路不通"，寒山的诗。人生实难，人间的路终是难行的，诗的情调是沉重了。生死事大，特别在这样的时节，鸟飞而逝，春秋不明。

君门深九重，坟墓在万里。

这句话是很重的。"君门"讲的是什么？庙堂之上。"在万里"，讲的是江湖之远。如果我在这里当官，我要侍奉君王；如果我回家，则要陪我父母守灵、守坟，过自己归隐的生活。但是我现在两边都不靠，这很悲哀。用鲁迅的话来讲，叫"两间余一卒，荷戟独彷徨"。卡在中间，是很难受的。为什么？当官，但是皇帝不相信你，把你贬到这里，差点被弄死。君门似海深九重，你够不着皇上，你的心是没有办法让最高的统治者理解的。九，是中国哲学里面最大的数。我们前面讲到三，已经是个大数，九更大。皇帝离我的距离已经远得不能再远，这叫"君门深九重"。这是身为臣子的孤独和悲哀。爱情也一样，唐人有句著名的诗说："侯门一入深似海，从此萧郎是路人。"萧郎，那神仙般的男子，我爱的那个人走了，他一到别人家里去后，就像那大鲸鱼，一头扎进深深大海，然后，就是生于斯，逝于斯，于我变成永远"陌生"。"越陌度阡，枉用相存"，都是细雨梦回。可"皇恩若许归田去"，你才能还家。

"坟墓在万里"，前面我们讲到了，东坡看到黄州这个地方流下来的水，说，这都是从我老家眉山那里流下来的，是我老家的雪水，我想回到家里去，但是我走不了，不自由。我离家万里，父母的坟都在那里。其实不仅是父母的坟，他夫人的坟也在那里。他很年轻就与第一个夫人结婚，十几岁在一起，是少年时代的爱情。但坟是什么？坟是人生的归宿，坟是人真正的家。在这个尘世上，他是一个孤苦无依的人。作为臣下，他是孤独的，不得君王信任；作为儿子，作为一个生命体，他离家万里，背井离乡，跟自己的父母万里相隔。这样一个人活在这个世界上，人生的悲欢如此具体真实地、紧密地集中在一个人身上。不过，人的感情不是那么好分开的。当他谈到君门的时候，难道他想的不能是爱情吗？当他谈到爱情的时候，难道不能想到君王？所以说屈原的传统，"香草美人"，跟忠君爱国是连在一起的，这是诗的传统。因为人的感情是一个广阔的、完整的生命经验，是不能够分得很清楚的。这一点我要强调，所以这句话很让人难过。

"君"，这个字美好。大家想想看，如意郎君。汉魏时代的诗总写人的孤独寂寞，比如说像曹子桓，也就是魏文帝，有首著名的诗中说："忧来思君不敢忘。"他自己是皇帝，思君不敢忘，"不觉泪下沾衣裳"。裳，古音读"cháng"。这种感情连皇帝都会有，这种悲哀是人类共同的情感。古人写诗，我们现在读起来情深义重，因为它是由很多东西搅在一起的。我们读到情深义重的时候，就说明自己读进去了，这样才能够进入艺术的、情意的世界，才能谈书法绘画。为什么我刚才引用魏文帝的诗，"忧来思君不敢忘"。什么叫"不敢忘"？忘了之后我的人生还有什么呢？我忘了你，我的生活里没有你，无论是皇帝还是爱人，剩下的就是彻头彻尾的孤单。人一孤单，自己就扑天扑地地扑上来，涌过来，逃不开。这个小小的、确实的自己避不过，这大得离谱、大到不可思议的天地人间。于是，孤单找到了"寂寞"，这两个字，好像是比孤单高大了许多，但仍是切切实实的生命感觉。你看，叔，莫，两个字的头上都有个遮挡，有个住所。人活一世，头上是天宇，也是衡宇。"人在屋檐下，不得不低头"，但天宇还是在的。寂寞是你，寂寞是宇宙。

所以人生的无奈，在于你想有一个念想、一个抓手，这就是惜春。你不愿意把这四季流转、苦乐悲欢撒手放下，放到宇宙，交到寂寞里。贪心，贪、怨、嗔、痴，"由爱故生忧，由爱故生怖"，说的不就是每个凡人人生的时时刻刻。这平平常常、普普通通的人类感情，却这么辛苦、艰难，难舍难分。不过，就算你不读佛学，不读什么小说，你也一样知道这个理吧。远离你爱的人，你就无忧无虑了？

心里还有，就还不行。心意还在，就好不了，没个头儿。还是寒食，"一人食"，你要好好尝这个味道，让你一次吃个够。周作人讲苦雨，他不但说苦雨，他还说"且到寒斋喝苦茶"。苦茶是人生的味道，能不能把苦味消除？要慢慢想，且先喝了这杯再说。

谈到"坟墓"，我特地提到妻子。东坡在黄州写了一首很著名的词，其中说道：

> 时见幽人独往来，缥缈孤鸿影。
>
> 惊起却回头，有恨无人省。
>
> 拣尽寒枝不肯栖，寂寞沙洲冷。

大家都听过。黄庭坚评这首词，说东坡写得太神仙了，不食人间烟火一样。为什么？这话不大好理解。因为"夜来幽梦忽还乡""十年生死两茫茫"？不少人一直认为，东坡这里的情绪非常悲凉、低落，是，但不全是。或者，他是慢慢让自己归于平静，他在书写中重现这个人生历程。你我，耐着心看他。他不单是在谈感情，他还要说道理。最后一句就很重要了——

也拟哭途穷，死灰吹不起。

用最简单的话讲这两句。"哭途穷"，是用了典故。魏晋名士、竹林七贤之一的阮籍，酷爱喝酒，喝醉之后，让人开着他的"奔驰"出去跑，没有方向，没有目的，想开到哪里就开到哪里，让马自己跑，跑到没有路的时候停下来，他下车一看没有路了，放声大哭，这叫"穷途之哭"。这与战国时候那位哲学家杨子的"见歧路而哭"并列闻名：阮籍是哭到头来没了路，杨子是见路分岔不知走哪条，但一样是人生难过。现在有人开玩笑，说"漫漫人生路，谁不错几步"，就有点悲欣交集的滋味了。这是所谓名士的悲凉失路，英雄落魄，无计可施。阮籍不是说了吗，我要是生在那个时候，这些古代的英雄，他们全都不行。他知道自己有大才，但是没地方用，所以有这一哭。哭，不可怕。男子汉大丈夫，该哭就哭。事实上，古代英雄人物，说哭就哭，童叟无欺。不信，请看古希腊人。这种哭，不是阮籍、杨子的专利，千古同悲，才有萧条异代。

阮籍的诗，最有名的是《咏怀》。陶渊明是受他影响的，比如：

天马出西北，由来从东道。

春秋非有托，富贵焉常保。

清露被皋兰，凝霜沾野草。

朝为媚少年，夕暮成丑老。

自非王子晋，谁能常美好？

在这里读，是合适的。

"死灰吹不起"，最后一句，不一样了。

有人说这一句和前面做菜煮寒菜，什么破灶烧水相联系，寒食寒得不能再寒，说自己心如死灰，死灰都吹不起来，哪还有劲儿像阮籍那样去哭途穷，对不对？当然不是。死灰吹不起，细心的朋友知道，这是讲庄子的"心如死灰"，但是心如死灰，可不是说这个人就什么也不干了，就这样沉默消极下去了。各位，心如死灰的意思是说，一个人进入一个高级的境界，从前面所讲的寒之又寒的人生的况味，获得了一只理智的哲学之眼，来重新关照自己的生活。用四个字总结：死而后生。一个人只有真正地死心了，才能真正地开始生活。

死是什么？死是完、了，是结束。而也只有到了这里，人

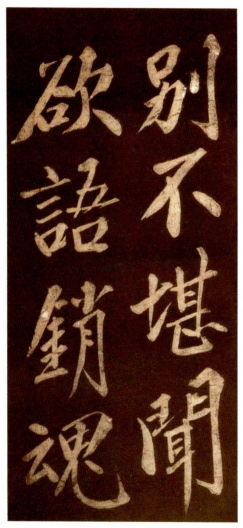

别不堪闻

欲语销魂

宋　洪觉范　凤墅帖续帖卷三　尺寸不详　上海图书馆藏

才有机会明白了究竟的道理，明白了，心才能得定。然后你才能进入一个智慧的境界，才能得到天地、人生、世界的道理。所以说，"死灰吹不起"，就哲思而言，是一种境界，而不是最后浓郁悲凉了。可不一定这样。如果用禅宗的话来讲，就特别简单。

专家可能会说，您过度阐释了吧？是不是故弄玄虚，一定要唱唱反调？真不是。讲寒食诗，东坡的寒食诗，也并非这一首。就说在黄州写的，还有一首《徐使君分新火》值得放在这里：

> 临皋亭中一危坐，三见清明改新火。
> 沟中枯木应笑人，钻研不然谁似我。
> 黄州使君怜久病，分我五更红一朵。
> 从来破釜跃江鱼，只有清诗嘲饭颗。
> 起携蜡炬绕空室，欲事烹煎无一可。
> 为公分作无尽灯，照破十方昏暗锁。

对照着看，有时会更清楚一些。"三见清明"，过三寒食，"破釜"，破灶。而"沟中枯木"与最后两句"为公分作无尽灯，照破十方昏暗锁"，实在不能说不涉及禅宗。

这并非因为东坡是禅门中人，跟黄庭坚一样。当然，东坡是在写他的生活实况。徐使君，就是当地的黄州知州，有名有姓。禅的宗旨，据说不就在平常日用吗？而且，寒食，或者清明，都是重要节日，大节。东坡不必受罪，不必在黄州，亦是要大发感慨的。比如几年前，他在徐州说：

> 梨花淡白柳深青，柳絮飞时花满城。
> 惆怅东栏一株雪，人生看得几清明。

"人生看得几清明"，这抒情，不可谓不严重。只是，这里的"一株雪"，不是黄州的"燕支雪"。而"梨花"不是"海棠"，可以说"年年岁岁花相似"，什么花都可以说相似，因为它提醒着我们的人生："岁岁年年人不同。"这个不同，也是十分重要的。有人说，诗，尤其古人的诗，看起来总觉得有点"大同小异"。的确可以这么说。但，这个小异，对于诗人，对于艺术家，对于优异的读者，同样非常重要：这并非标新立异，而是人生于世的万种不得已。那一条名为"孤独"的生命河流过每一个无处可逃的心灵。

于是，诗要一字一句，字要一笔一画，无论是写，是读。

转了一圈，由诗入人，可以说一下东坡的姓名了。他姓

"苏"，那么"苏"是什么意思？新生。禅宗喜欢讲死而后生，绝而能苏，就是这个意思。老百姓还说"死里得活"，西方的哲人如海德格尔，则说"向死而生"，甚或练习死，供参考。绝而能苏，人没有路走了，穷途末路了，这个时候人才能够获得新生。所以东坡这个"苏"字大家要注意，看他怎么写自己的这个"苏"字。"苏"（蘇）字有很多写法，有时候是草头，上面是个草，有生命感，草木一春；有时候左边是个禾，右边是个鱼，鱼米之乡，活得好，对不对？有时候鱼在左边，有时候鱼在右边，都没关系，你随便挪。但是以前苏字还有一个写法，有些哲学意味，就是一个"更"字上面一个"生"，叫"甦"，即"更生"，就是新生的意思。我们学艺术史的，都知道文艺复兴，Renaissance，是不是这意思？有人说您想多了，望文生义咬文嚼字了。对，不过面对艺术经典，面对语言文字，多看多想是好事，多望望多咬咬倒也无妨吧。

　　"死灰"两个字，很重。东坡当然是熟读庄子的。庄子说心如死灰，还怕人不明白，还用了个词，"湿灰"。不加点水拖点泥，这枯木烧成的灰烬，难不成也会御风而起，如大鹏鸟扶摇直上吗？反正，槁木、死灰、湿灰，都是学道之士的生活或内在世界吧。放在东坡这里，正是合适。

你看"死灰"跟"穷途末路",是不是已经不能再重了呢?只有在这么重的时候,人生到了这样的时候,你才会想,才能深思活着干什么,才能想人的生路在哪里。死中得活,死去活来,但先得经验这个"死",这个"死着",不就是"活着"?

东坡这诗,含着他的人生实况,他的人生感慨,但是,最终还归于对人生道理的思考。这里什么都有,有具体的生活,有感情的抒发,或者说"怨"。但更有深沉的思考,虽然没有那么明显。他的思与情融汇在一个个中国字里。诗,是一个复杂的情意世界。我们读诗,也是把它读成一个丰富整体,才能打开我们自己的情意世界,让我们走向一个像生活那样广大、丰富且复杂的世界。在这样的背景里,才能展开对艺术的追问和思索。

也许这样,也才能帮助我们更好地理解书法。什么叫理解书法?就是让我们能够更好地看清楚书法,看清书法不仅是一个个"字",还有它的道理。相较于"路",脚下之路的意思,"道"总显得那么幽暗玄虚,理也差不了多少。但"理"也一样可以是具体的,形而下的。理,就是世界上的"文",花纹。文章,如果写成"纹章",就成了设计艺术,要我们动用眼睛了。但文字如诗所成,写得很好,也可以"花团锦簇"，成了好"文章"。所以诗、文学、文字作品，有情有理，终归要落在个实处，才令人生发感兴：就是二字"生活"。

这《黄州寒食诗帖》，诗的部分，就讲到这里。

自我来黄州已過三寒食年年欲惜春春去不容惜今年又苦雨两月秋萧瑟卧闻海棠花泥污燕支雪暗中偷负去夜半真有力

坡公玄林則徐

清　林则徐　节临寒食帖轴　105.5cm×34.5cm　私人藏

书

书者，如也。如其学，如其才，如其志。总之曰：如其人而已。

—— 刘熙载 《艺概·书概》

《黄州寒食诗》，两首诗，129个字，可以讲很长时间。跟东坡的"三年"比呢？不算长。

东坡，名字好听。

首先感谢白居易。古人讲文化，就有很多讲究，称呼别人的名字，要讲不同的关系，看不同的场合，不能胡叫乱来。现在我们不讲究了，我们想叫什么叫什么，反正他也不能出来打我们。所以我们随意一点，随便叫。不过可以留意一下：每个名字，念出来都有不同的感觉。古人重名字，他给自己起一个名字，是有他自己的生活经验和阅历在里面的。父母，或者其他的长辈给他起名字，里面更有期待，有他们对人生的看法。

苏轼，"轼"这个名字是他的父亲苏洵起的。望文生义，与车有关。《曹刿论战》："登轼而望之，……吾视其辙乱，望其旗靡。"轼，就是车上横着的，手搭扶着的那个木头。他的亲爱弟弟叫"辙"，辙是什么？就是在车经过的地上压的坑、印迹，老子说"善行无辙迹"。苏辙的字叫子由，什么叫"由"？很多的东西都是有来由的。你仔细看，苏辙，这个人很实在的，一路生活过来，留下清晰的痕迹，这就叫"由"。就像福尔摩斯破杀人案一样，你这个凶手很厉害，但你总得走过来，不能从天上掉下来，这就叫"由"：因由，

善行无辙迹

其来有自。东坡不是这样，他字子瞻，什么叫瞻？高瞻远瞩，他就是这么一个人。这两个名字，实在像这两兄弟的性格与人生经历，一点不错。

苏轼与苏辙兄弟，感情是极好的。苏轼声名更大，或显得高高在上，是大哥，在他的一生中，却是常常受这个弟弟的照顾。这个"屈居在下"与泥土为伴的弟弟，可谓踏踏实实，勤勤恳恳，一直努力学习，一直努力为家人作贡献，还做了好大的官，实在是有点厉害。东坡于这位弟弟，是怀了很大的感激的。那首著名的《水调歌头》，就是送给子由的。他进了班房，生死不明，又作诗给弟弟，说"与君世世为兄弟，更结人间未了因"，实是心声。外国人有言甚好：亲兄弟未必是朋友，好朋友却一定是亲如兄弟。想到这里，觉得东坡这样的哥哥，有这样的兄弟，实是幸运。

有人觉得这很神奇，其实一点都不。为什么？他们的父亲苏洵，"三苏"之首，原来是个浪荡子，后来学问做得很好。所以他对儿子的名，当然会有讲究。名字很重要，因为人家整天叫你的名字，名字里面的意思就随着你的成长融入你的生命了，长到人的身体里头去了。蕾哈娜、碧昂斯、刘雯，这些名字好听、漂亮，可能人就一天天地长得越来越好看。如果整天叫他狗剩、王七的哥哥、王九的弟弟，人的性格、心理也会受到连累。

为什么从这里开始讲？这涉及语言和思想。语言文字是个很重的东西，自有其力量，或说神力、魔力、魅力。大家经常讲中国人尊重文字，敬惜字纸，就是这个道理。书法史上讲仓颉造字，"天雨粟，鬼夜哭"，跟这有关系。字里面有秘密，古语说"字里乾坤大"，其实真的是像乾坤那么大，可能还要更大，"其中有道"。我在学院上课时常常对同学们说，学理论的人，第一关就要培养自己对语言文字的感情，认真学习，真切体认。意思是要好好地看文字，文字叫什么名字，长什么样子，像认人那样。要认识文字，要相处，要相熟，最好知心。讲得他们大约很不耐烦。我们讲《黄州寒食诗》里面的内容，既有感情，亦有思想。很多朋友认为，讲到艺术的时候可能会比较多地谈感情，讲理论会比较侧重思想，这当然有一定道理。不过，面对东坡的作品，希望大家能够认识到，感情与思想之间是无法严密地分开的。谈所谓中国书法的时候可能尤其如此。

东坡一辈子活得很努力，活得也很不容易。或者应该说，他活得很认真。但是在外人来看，他的生活是过得不够平静的，也不够所谓的现世安稳。当然，人生在世不容易。人想安稳一点，唯一的办法只有锤炼自己，在自己身上下

世傳懷素書未有若此完者

銘聖三年三月予謫居高安

前新昌宰鄧君出以相示予

雖知其奇然不能盡識其妙

予元和仲特善行草時亦謫

惠州恨不令一見也眉山蘇轍

宋 苏辙 跋怀素《自叙帖》 尺寸不详 台北『故宫博物院』藏

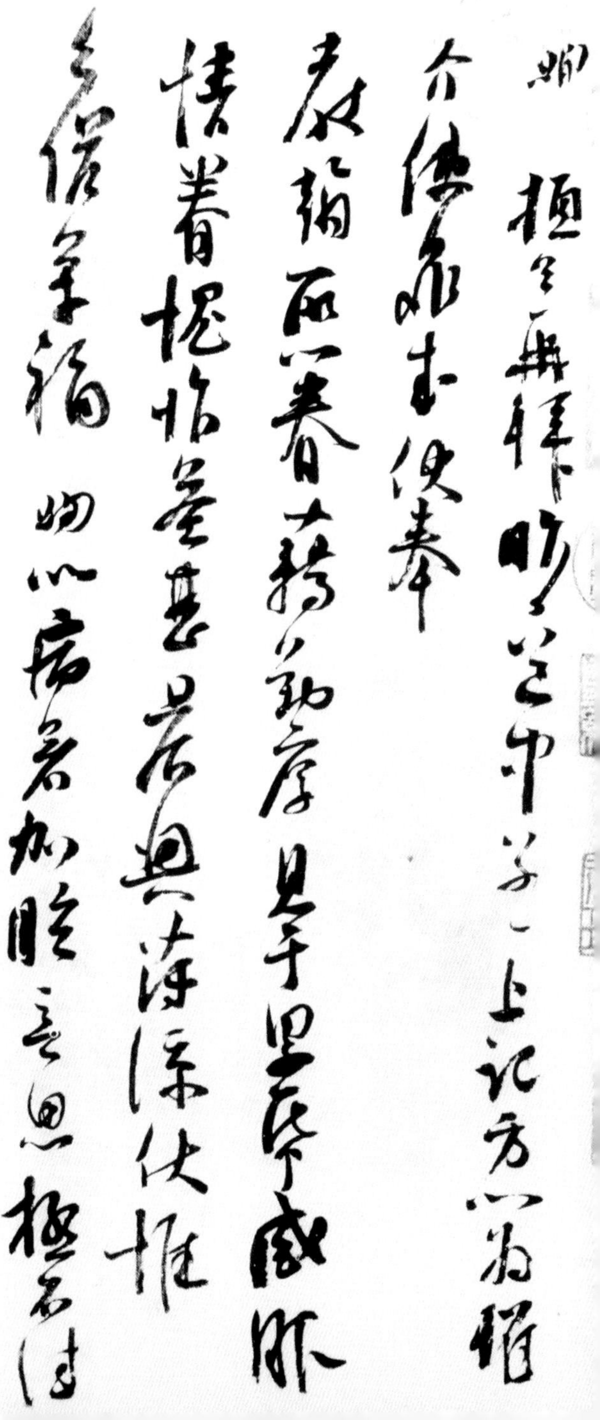

宋　苏洵　道中帖（局部）　35.3cm×53.2cm　台北『故宫博物院』藏

功夫，这就变成学习修养之路了。中国人历来谈书法，都知道书法与这个人他真正的自己是密不可分的。所以中国人很早就总结出"书如其人"，这是非常重的四个字，对这四个字，我们可以有无穷无尽的解释。当然，如果从人生来讲，可以从人生的经验、阅历、修养等方面，用一辈子来解释这四个字。无论你把"书如其人"的"书"理解成所谓的文字，还是理解成艺术意义上的书法，都是一样。东坡不但是一般人眼里的天才般潇洒的诗人和艺术家，他还是一个学问家，是一个学者。所以讲诗的时候，也没有办法完全不掺入个人的情感，尽管你非常克制，跟写字一样。有个好朋友，诗人，过世了，对我刺激很大。但诗人在写诗的时候，在很多情况下，未必像很多人所以为的那样完全由感情主导。写字、书法，也是这样的。

从诗开始，到书法。

好说不好听，好听不好说。东坡此作，文字、书法，二美并俱，这可不是一般的功夫。写文章的话，过渡是很难的。过渡，就是联结，书法上古称"映带"，映带这个词很美好。读诗跟"读"书法是一样的，我用这个"读"字，希望如前所述，我们能慢慢将面对语言文字的态度行为统一起来，聚拢在自己一个人身上。读是不容易的，中国人说读书，不是在那里把书打开，照着念，发出声音。读书就是认真地看书，简单来讲，就是学习。中国人说这个宝宝干吗去了？读书去了，中国人说人活着要好好读书。读书的意思不是上学，而是认真严肃地受教育、努力学习，这个才叫读书人。读书是为什么？两个字，明理，即懂道理。文有文理，书有书道，从这个意义上来看，读要一致。

所以想请大家稍微想一想，诗是很神奇的。这样说吧，一个诗人必须对一个字有全面的把握，他才能来写诗。什么叫全面的把握？他不但要考虑这个字的内容、意思，还要受制于它的声音、形象。也就是说，普通人只能在某一个维度上展开关于语言的一些工作，而诗人不是，诗人是全方位地把握它。这里面有很神奇的地方。为什么神奇？这不光是说诗人的本领很大，入于造化，巧夺天工，最后达到毫无痕迹的自然境地。我们还应该往别的地方想：语言文字可以达到什么地步呢？它里面居然可以包含某些东西，让你可以用很多种的方式展开工作。什么意思？比如说，同时考虑这个字的声音和意义，把它写成诗，我做不到，能力不够，但有一些人可以做得很好。语言这么受限制，为什么还可能写出如此自然美丽的、朗朗上口的诗？因为语言本身就包含着如此丰富而神秘的可能性，而这个可能性只有诗人才能把握。我希望大家注意到这一点，这就是语言的力量所在，也是诗人的伟大之处。

用比较庸俗的话来讲，或许日常生活就像我们东北人唱二人转，你把它说得烂俗无比，但是你总得先让它合辙押韵、朗朗上口，你总得让它能讲得顺溜。这是从哪里来的？这是语言本身的东西。所以说我们从诗讲起，希望大家能够注意到这一点。讲起来仿佛很简单，这个秘密谁能把握住？从这个意义上来讲，诗人是洞悉语言秘密的人。所以有时读诗很享受，是因为读者享用了诗人艰难而就的果实。

诗里面有学问。所以你看孔子对他的儿子孔鲤是怎么说的，他教导他的儿子学习，留下一句著名的话，"小子何莫学夫《诗》？"很多人可能以为孔子是让他的孩子来学习文艺，不是这个意思。诗里面有很多东西，但是这些东西只对会学习的人才有意义，所以很多人所谓的读诗，完全是浅尝辄止，很多人看看诗词就觉得里面只是在抒发一些人生的感情。当然，如果我们把感情这两个字理解成哲学意义上的天、地、人的共通和交互，这是没问题的。感情，是个很大的词。

还有另外一个问题。我们所谓的写诗其实不是写诗，是作诗，是从嘴里说出来的。所以诗和歌是连在一起的，我们现在有人还称之为诗歌，它不一定要写下来。但是我们现在谈的东坡、子由或者黄庭坚任何的诗，都是从纸上看到的，都是语言变成了文字，写在纸上，成为所谓的白纸黑字，这里面就失去了一个很重要的东西，失去了诗的语音内容。你不知道这个人在作诗的时候是怎么读出来的，这是一个遗憾。所以现在你只能用眼睛看这些诗了。大家注意，我刚才说读诗如读书法，读这个字可是和声音连在一起的，这就很有趣了。诗变成语言文字以后，仍然有很多东西可以让你读进去，从而进行理解、发挥，它仍然可以让你觉得包罗万象、无比动人。

诗写下来后，就跟另外一个东西有关系了，就是写字，也就是书法。书法让你看到一个人的字可以成为什么样子，像是一个人长成什么样子。这是很神秘的一件事情。诗让你看到语言神奇的地方，在书法里，你看到什么呢？表面上，是看到文字落在了纸上。当人作出来的诗落在纸上变成字的时候，已经丢失了很多东西。书法写在纸上，难道这是它的全部吗？书法是给人用眼睛看的吗？不一定。或者说，只用眼睛就可以那么方便地看到吗？因为我们知道，与诗歌相比，书法的声音丢失了，你再怎么看字也听不到

「读」书法

那个声音。这个字写在纸上，仿佛每一笔都看得很清楚，你可以很轻松地把握它，进行所谓的视觉分析，这就完成了吗？这是书法里非常难的问题。为什么我们要读理论家的书、研究书法，原因就在于此。

书法不好谈。一谈，书法好像就跑了，消失了，谈着谈着，突然发现，你不知谈到哪里去了。对不对？前些年，我曾经做过一个残酷的实验，让书法专业的人出来和别的朋友谈书法，结果很快发现很难谈出什么东西来。什么叫很难谈出东西来？我们是中国人，我们在这里谈东坡，谈他的诗和书法，我们尝试用中国的语言来谈所谓的中国文字的艺术，但还是如此艰难。为什么会如此艰难？是不是因为中国语言太难了，我们很难把握这个语言，很难把它用得很好。另外，哪怕我们把它用得很好，我们用语言来谈所谓的文字作品的时候，我们还是觉得离它很远，这就是艺术的难。艺术里面，我们所能够看到的这个东西跟语言中间深奥而难以把握的这个关系：一个人对汉语言，对中国所有的语言文字，能有着非常深广而全面的理解和认识，他得有多少的功夫和修养才可以做到？他又懂文字的意思，又懂文字作为语言的声音、节奏，而且还得懂字的所有可能性的形象变化。如果说我们可以用形象两个字的话，在他能看到的维度，你想想看一个人得花多少工夫才能做到这样？有能力面对中国的语言文字文化，能够全面地把握它，这样的人是很了不起的。有人把这样的人称为"文人"，侧重于语言层面，自然也有道理。

回到《黄州寒食诗帖》。从文学上来说，这语言作品是诗。因为东坡把它写下来了，我们现在也能看到，它就成了艺术作品，变成书法了。它更强调看，强调眼睛、视觉之类的东西了。做理论研究的人，往往还喜欢给"视觉"加上个大尾巴——"性"，视觉性。我们不要它。无论是作为语言的作品，诗歌，还是作为文字的作品，书法，这两个东西都是他自己做的，都是他自己的东西，这就很有意思了。在读诗的时候，会暂时忘记文字是什么样子。在读他的文字、看他的文字的时候，可能又会有意无意地忽略那些我们在读诗的时候重视的一些东西。所以我们今天这样来讲书法，真是勉力为之，我想以此做一个引子，希望能够引发大家对书法的好奇，以及对中国艺术思想的探索之心。

讲《黄州寒食诗》的时候，我提到海棠，又说到了一段动人故事，黄州的那个女孩子叫李琪。"却似西川杜工部，海棠虽好不吟诗。"海棠很重要，我们忘不了。不过今天

李琪

我们就要从这里讲起，转到书法上来。

　　一个人，比方说我是苏轼，我很喜欢李琪，觉得她很好，但是我为什么一定要给她写首诗？这是个问题。不是怪话。这种问题大概只有我们做哲学的人才问得出来。我为什么一定要给她写首诗，我送她一包牛奶糖不可以吗？给她煮18罐红糖生姜水不可以吗？为什么一定得给她写诗呢？文艺青年会说，因为诗很重要呀，诗对文人很重要，你把很重要的东西给她，好来证实你的感情呀。这当然没问题，但是我们还可以往下问，东坡给她画张画不可以吗？画个竹子、梅花，或者干脆画海棠，岂不亦是极好的？东坡说，在黄州这个地方，蛮荒之地，海棠一出来，就显得什么桃花、梨花都那么俗了。再往下讲，我送她一张字，书法，不行吗？来一张《黄州寒食诗帖》不行吗，为什么一定要吟诗？这是好问题。

　　杜甫从来不吟海棠，这无损于他是个大诗人。我不送李琪小姐一首诗，也并不能说明我不喜欢李琪，也许我偷偷摸摸地对李琪小姐唱了很多歌，我知道我很适合做一个歌颂者。这里就有问题了，我们得理会他的精神。我们的意思是：是不是东坡给李琪写了一首诗，然后东坡把它写下来，像《黄州寒食诗》一样，我们就觉得很开心了？如果

《黄州寒食诗》只是首诗，这首诗不会像现在这样被这么多人知道，很多人看到这首诗，会开始不由自主地探索当年苏轼在黄州的人生是不是这样。如果苏轼写了一件同等尺幅的书法作品，流传后世，但写的不是《黄州寒食诗》，是一首和李白或者杜甫很有关系的诗，他用所谓的老百姓说的很漂亮飘逸的书法写出来，让我们看到，跟读他的《黄州寒食诗》能一样吗？从李琪开始讲起，是想抛出一个问题：人的感情的抒发，涉及艺术与人生的关系，涉及人的感情与思想的关系。或者说，如何表达，如何表露，这里面有很多可以探索的东西。而这，是实实在在的艺术问题。这叫"具体"。

不能老盯着东坡有没有送诗给李琪，因为现在要谈书法了。谈书法，就要好好地看书法、"读"书法。书法和诗联系在一起，在东坡的巨作这里，密不可分。但是，诗与书法，又毕竟是两个东西。无论诗还是书法，都可以传达人的内在的东西，人的思想和感情，他的某些人生。但是毕竟，有的时候有人选择了写诗；有的时候有人不但写诗，还写着书法；有的人只用书法来传达别人的东西。读诗和读书法都很难，难在进入。进入书法，进入诗，毕竟不完全一样，虽然，都要花费我们很多的工夫。

黄庭坚说，学书法并不是整天在那里死乞白赖地临摹，往死里写，或者说像临池学书池水尽黑那样；虽然没有人会说这样完全没有意义，或者完全不重要。他说把好字挂在自己家的墙上，整天在那里看，这就是"读"，就像读经典一样，就是很好的学习。看出字里有东西，就能入门。就像古代那些"迂腐"的文人，整天与经书为伴，读四书五经一样，只是他们没读出什么，没看见什么东西。他们中间，有些人，也许该去当书法家，或者画家？男怕入错行，这话不是乱说的。行，就是路，是"道"。当然，也可以说是专业，是行当，是吃饭的家伙。

有些所谓文化人，常讽刺人家老百姓不懂艺术，不懂书法。可是，文化人也没几个看得懂呀。为什么？他们那些"文化"方面的能力，还不足以让他们跨越具体的专业领域，将其"读"的能力施用到汉字的"书法"上来。道理说出来，好像也没那么难，然而难点在于做到。所以太多的文化人会的是说，是胡说、乱说、"瞎"说。睁眼瞎啊！"贵耳贱目"这四个字，真是无上真言，只不过让人觉得可悲了一点。所以"外行"两个字，好辛苦，真值得讽刺的，是文化人，跟人家老百姓有何相干？

说到这里，您可以去看看互联网上的文章，看他们是怎

贵耳贱目

么谈《黄州寒食诗帖》的，可能就有感觉了。你就可以知道，我们所谓的艺术教育简直就是没办法。比如，一看到前面的"自我来黄州，已过三寒食"，他们就开始说了，说这些字刚开始写得比较清秀工整，比较瘦，稍拘束；后来慢慢变得不一样，越来越沉郁磅礴或者越来越大气，随着他感情的波澜起伏，推进变化，到一发而不可收。简直是胡说八道。为什么要批评他们？因为这样的话语毫无意义，这样的语言触及不了艺术，触及不了具体的艺术作品和具体的艺术问题。他们不知道，前面的几行字很可能不是东坡写的。有人说，是明朝的文征明写的，原作坏了，他来补写，就像他补写东坡最著名的楷书《前赤壁赋》那样。文征明这个人非常喜欢东坡，特别喜欢他的《赤壁赋》。据书法史家考证，他写的《赤壁赋》，流传下来有案可查的作品共有 16 件。

当然，补写在书法史上并不罕见，经典作品中也有。比如，大名鼎鼎的怀素的《自叙帖》，前面几行就是后人补写的。是宋朝人，苏东坡的前辈。

文征明这人值得重视，我们说说他，没有必要讽刺不懂装懂的文化外行。文氏书法，虽然名气大得很，但像董其昌这样的人，根本不把文征明放在眼里，认为其书法严

少焉月出於東山之上徘徊

於斗牛之間白露橫江水

光接天縱一葦之所如陵

萬頃之茫然浩浩乎如馮虛

御風而不知其所止飄飄乎

如遺世獨立羽化而登僊

於是飲酒樂甚扣舷而

歌之歌曰桂棹兮蘭槳

擊空明兮泝流光渺渺兮

宋　苏轼　前赤壁赋（局部）　23.9cm×258cm　台北"故宫博物院"藏

098

赤壁賦

壬戌之秋七月既望蘇子与

客泛舟游于赤壁之下清風

徐來水波不興

誦明月之詩

舉酒屬客

格来讲是不够好的。但是现在很多人学字，连不少书法专业的人写小字，上手就学文征明，这是很可悲的。且不管这个，文征明这个人很分裂，他的字远远不如他的画。而且这个人很怪：他可以用很多种样子写字，所以有人说他可以造假。如果《黄州寒食诗帖》前面几行是他写的，很多人看着也挺好。他补写《赤壁赋》，很多人说写得跟东坡真迹一模一样。这当然是夸奖，不能全部当真，但的确说明他很有功夫，说明他在东坡的字上花了不是一点两点的功夫。但是所有认真学过书法的人都知道，文征明还善于写另外一种字，大字行草书，学黄庭坚。他为什么会学黄庭坚？可能因为他的老师沈周是学黄庭坚的。你看他的小楷小字是那样的，他能够很好地造假，来模仿东坡，但是他写大字的时候，可以完全是黄庭坚那种风格。你说作为一个书法家，他到底是个什么人呢？我刚才说他有点分裂，不是要打击他。什么叫分裂？请大家想一下：哪一个文征明才是真的文征明？不过请注意，我们这里重点可不是谈文征明。

《黄州寒食诗帖》当然非常有名了。但从书法上来讲，我们不大清楚它为什么突然变得这么有名，在历史上它从来没有这么有过。它是从什么时候才开始有名的？其实是从民国后期，王世杰从日本把它买回来之后放到中国台湾，它才慢慢有点名气了。所以这个帖在书法上的传播，用学术语言来讲，它的接受史本身就很值得思考。如果用严苛的标准来量，只能说明一点：我们中国的文化阶层，包括精英文化阶层，对书法已经是太疏远、太陌生了。

现在很多老百姓都知道《黄州寒食诗帖》，这是好事。不过如果你问他《黄州寒食诗帖》是个什么东西，很多人不论专业与否，都会说这个东西是天下第三行书，很有意思。这是文化人的成绩，也是文化人的恶俗。为什么这个排名很可笑？鲁迅当年就讽刺过，中国人喜欢搞一些莫名其妙的东西。比如说杭州，他非要给你弄成个西湖十景。所以这一部分我从哪里讲起？四个字，"天下第三"。谁说了算？天下第一、第二、第三，搞得你跟乾隆皇帝一样，到处封。这里的泉水不错，可以泡茶，我封你为天下第一泉；关羽很能打，三国名将，我封你为关圣帝君。他是皇帝，可以这样，有人也要说，你凭什么说人家是天下第一、第二、第三，你懂什么？很多人搞不清这一点。说句好玩的话，某些傻瓜什么也不懂，突然有一天就说这个是天下第一、第二、第三，然后一堆人就跟着说天下第三，你问他天下第三是谁封的？他也不知道。你可以去查所有的资料，查"《黄州寒食诗帖》是'天下第三'"到底是谁说的，你找不着，不知道谁说的。有人说是鲜于枢说的，不幸的是，鲜于枢很冤枉。

所以说文化变成了什么？我们常说到这个词，"贵耳贱目"。很多人在谈艺术、谈书法的时候，他们是没有眼的，不会看，他只听别人说这是天下第一，他就说好，天下第一。这是天下第三，他就跟着说是第三，他不会去想是谁说的第三。这个人凭什么给人家排名呢？你以为是梁山泊一百零八将排座次，谁灭了黄文炳，杀了史文恭，就是梁山泊英雄排座次，那也得有个讲究，谁是天罡星，谁是地煞星，你得有个说法。这就是所谓的文化界的悲哀。我讲这个是要讽刺他们吗？当然不是，是要给大家讲一句很重要的话，我们坐在这里学习，学艺术，我们是干吗的？千万记住，我们是专业人员，你可知道专业两个字有多辛苦。天下第三，这是个笑话。我每次想到第三，就觉得很好玩。"一般一般，天下第三"，这话不知道是谁发明的。请试想，某人对东坡说，你的《黄州寒食诗帖》写得不错嘛！东坡就说，没什么，一般一般，天下第三。什么叫天下第三？比第一、第二不知道要差到哪里去了。第一和第二的关系是什么？艺术上，第一和第二之间是天壤之别，是没有可比性的。

唐　怀素　自叙帖（局部）　28.3cm×755cm　台北"故宫博物院"藏

所以，讲到第一、第二、第三的时候，恕我不得不引用一个好玩的例子，那些所谓的成功学课程里面，大家经常听到一些故事。成功学的要义，它的本质就是说你做一件事情，一个人想出类拔萃、出人头地，你一定得有目标，对自己说我要做到最好，to be number one! number one 是什么东西？中华人民共和国成立前翻译成"拿摩温"，后来变成"南波万"，就是冠军、第一名。我要做到最好。成功学中流传下来一个动人的经典故事：老师在上面忽悠下面一屋子乌泱乌泱的人，跟他们讲，各位啊，人生在世一定得追求 number one，人生如果不得第一名的话，就没有任何意义。然后他问底下，谁来回答我一个问题，世界第一高峰是什么？底下人很得意地说，世界第一高峰是珠穆朗玛峰。完全正确，然后我再问你们，世界第二高峰在哪里？底下人就不知道了，于是得了经验教训：全世界没有人关心第二名，只关心第一名。今天拿这个话来开个书法上的玩笑，"一般一般，天下第三"。

如果我们不是在艺术的意义上来谈书法，我们仿佛会觉得第一与第二中间不是离得很近吗？不就一点点吗？第三与第二不是不差多少吗？错了，因为中国有一句话说得好，叫"失之毫厘，谬以千里"。我们所谓的外行以为的一点点，在艺术里面，正好是最大的差距，这个差距是无法弥补的。就好比说文征明写《赤壁赋》，写《黄州寒食诗帖》，有人觉得这不挺像的，挺好的，不是很接近吗？哪里接近？完全不一样。这就是艺术的残酷，艺术的真相。

一般一般，天下第三！"第三"两个字好辛苦。第二当然也很辛苦，也充满血泪。但第二永远当不了第一。所以说《三国演义》为了突出诸葛亮是"妖人"（按照鲁迅的讲法），写了诸葛亮三气周瑜这一出，周瑜临死的时候，留下了一句名言，六个字，"既生瑜，何生亮"，他含恨而死。只要有诸葛亮在，他只能是第二，多么悲惨。当然，这里不是讲东坡悲惨，而是让大家了解，在艺术的意义上，在书法的层面上，第三、第二、第一这样的话没有意义。为什么？我们首先要知道，我们谈所谓的书法，最难的是什么？是要开始看，或者说读。我们最大的敌人是什么？四个字，贵耳贱目，就听别人讲，无穷无尽地讲，然而，这一点用都没有，该看不见还是看不见，该看不懂还是看不懂。永远当外行，很可悲。希望大家记住这八个大字，可为无上真言："一般一般，天下第三。"

第二是谁？这个就涉及书法史上的大问题了。第二是颜真卿。鲜于枢对颜真卿《祭侄文稿》的评价很高，大

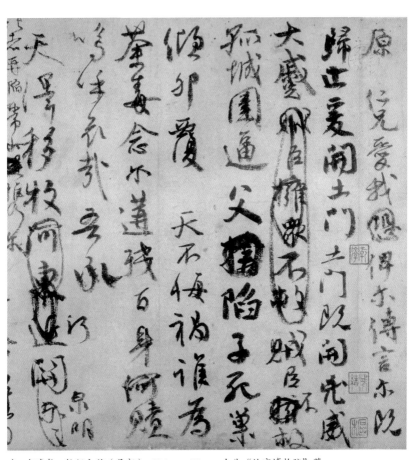

唐　颜真卿　祭侄文稿（局部）　28.2cm×77cm　台北"故宫博物院"藏

家都知道的。第一就更知道了，宋朝人对它非常迷信，是《兰亭序》。在宋朝之前，没有那么多人那么重视《兰亭序》，当然，《兰亭序》有很多讲究，这里没有办法展开，但是这里涉及对东坡书法的理解，就自然牵扯到书法史上的大问题。

现在我们好像在慢慢进入正题。

请各位回头想想，我们是怎么跟《黄州寒食诗帖》建立起关联的。这是一个构想，或说"构思"，而说书法，总有人要大谈"结构"，却不由地多少忽视了结构与"思想"的问题。先谈"却似西川杜工部，海棠虽好不吟诗"，从作诗开始讲起，请注意一个"读"字，注意语言文字的问题。书法也需要读，但是这个读涉及什么？涉及视觉，也涉及艺术可见性的问题。诗和书，在东坡这里是同一种东西，都是个人情意的传达，下面我们过渡到对书法史上专门问题的探讨。现在一起看点理论，看看前人评论，看看他们怎么说，对认识东坡的书法，对如何面对书法，能不能给我们带来一些启示。

黄庭坚首先出场。没办法，他的评论就写在《黄州寒食诗帖》上。这是书法史上的幸运，美谈。

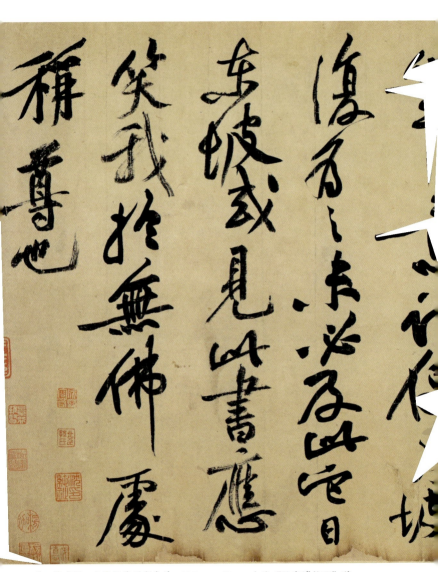

稚尊也

笑我於無佛處

東坡或見此書應

復有之夫必及此老官且

東坡此詩似李太白
猶恐太白有未到
處此書兼顏魯
公楊少師李西臺

109

东坡此诗似李太白，犹恐太白有未到处。此书兼颜鲁公、杨少师、李西台笔意，试使东坡复为之，未必及此。他日东坡或见此书，应笑我于无佛处称尊也。

　　写这个跋的时候，苏、黄两人已经很久不见，东坡已经不在人世。黄庭坚的评论很重要，因为黄庭坚在宋朝是个很重要的人，这是第一点。第二点，他是大书法家、大诗人、禅宗高手。还有一个很重要的原因，他是东坡的好朋友，当然他自称是东坡的学生，苏门四学士之首，其实他只比东坡小8岁。他很关心老师东坡。他在西南蛮荒之地，到了生命的后期，第一次看到东坡这件作品时，应该是相当激动的。他这个跋语很有名，我们可以好好看看。

　　黄庭坚这个跋语，在流传下来的黄庭坚的作品中间，大概可以算最好的。很多所谓黄庭坚的大作都是假的，这是题外话。

　　黄山谷的评论，可分成两块，一块是说东坡的诗，一块说他的书法。

東坡此诗似李太白，犹恐太白有未到处。

第一句话就有点奇怪。历来大家评论东坡的诗，少有人说他像李白，大概只有黄庭坚说他像，这令人难以置信。所以，虽然这个话在山谷的书里面的确是有，但是我以前怀疑是假的。我本来一直以为是造假，但是我看到这个字之后，我就开始怀疑我自己，为什么？因为这个字实在是很好，我很难说它不是黄庭坚写的，因为它的水平很高，别人造不出来这个水平。问题又来了，作为学者，我读到这个东西的时候，就会想黄庭坚真写了这个评论，字在这里证明着，他不会乱说话，他说的话肯定是有道理的。他为什么说他像李白？想过来想过去，如果从诗人的角度来讲，原因也称不上难，因为黄庭坚说东坡这个人了不起，就像神仙一样，他称东坡为谪仙人。就像当年贺知章看到李白惊呼不已，称他为谪仙人，贬到人间的天人，堕落人间的天使。他老这么说，前面给大家提到过，他谈东坡到黄州写的词，"寂寞沙洲冷"，《卜算子·黄州定慧院寓居作》，就说东坡这个词的意味是清冷的状态，不像食人间烟火的东西。他谈的是东坡这诗里面流出来的这种气息，这种气质，这种精神状态、追求。

讲《黄州寒食诗》的时候，我们多次说到庄子，无论是所谓的"暗中偷负去，夜半真有力"，还是后头说的"也拟哭途穷，死灰吹不起"，都有庄子。黄庭坚上来就说他的诗像李白，好像意思是说，那些无知的人、外行的人，读东坡的诗，可能就会说你看看东坡的诗句，有家难回，连死都没地方死，但是在我眼里面可不是这样的。

在黄庭坚眼里，《黄州寒食诗》也充满了神仙气息。如果是这样，你就可以想想什么叫哲学，什么是知己。哪怕不是像我们讲的那样完全的庄子的精神，它也是东坡偷偷摸摸的一个文字游戏，在跟自己开玩笑，根本不是那些评论家讲的那样，说里面的什么感情跌宕起伏，到最后悲愤莫名，达到极点。真的是这样吗？黄庭坚看了，大约会觉得十分幽默。李白是大诗人，是道家的高人。我看到现在，觉得山谷这个话也是有道理的，真的是有点像李白的诗。这个，有点"影响理论"的意思。

当然，文学史专家肯定有不同意见。把李白跟东坡放在一起比，原因很简单嘛。书上写得明白：宋神宗曾在朝上问君臣，古来哪个人物才华堪比东坡？有人马上回答，李白。皇帝不同意，说"李白有苏轼之才，却无苏轼之学"。看来他是才学并重，且并不厚古薄今，有值得学习之处。这个故事出自《庚溪诗话》一书，作者是宋朝人，经过靖康之变，就是北宋、南宋之间。所以，他的话是相当可信的。不过这里黄山谷的话，还是针对《黄州寒食诗帖》来说的，很具体。所以我们要重点谈的是东坡的诗，语言作品，或者他的书，文字形象作品。

李白号称"诗仙"，人所共知，与杜甫大不相同。除了思想人生之异，两人写诗也大不相同。李白天然，杜甫苦吟。从这点说，说东坡是李白派有理。

如果这样，东坡就不是像许多人、许多爱慕者所说的那样，在黄州的日子多么卑微，何其难过。如果是这样，那你太小看东坡，小人之心了一些。这个没有那么难理解，但是很多的研究东坡的人，都没能够这么直白地讲这一句。读书不容易，学者不容易。山谷这句话的意思是，从诗来说，东坡这首诗像李白，就是像李白的风格，像李白的精神气质，而且恐怕李太白都不一定能写到这个地步，这是对东坡的一种赞扬。

当然，问题还有。李白，也是书法家。《上阳台帖》，的确与众不同。这么古老的东西，自然会有人说不真，或不能确定。没问题，但不论这李白的珍贵书作是不是越来越有名，面对这幅据说是他的字时，我们很难做到"无动于衷"，像没见过这字的没事人那样，对吗？这，像是

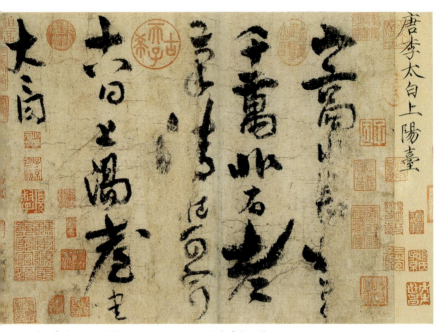

唐　李白　上阳台帖　28.5cm×38.1cm　故宫博物院藏

书法的力量与艺术的意义了。有人说，李白这样的仙才，字好毫不奇怪，这话有理。但是我们还是要说，再有才华的诗人，字未必就得写得多么好。想得美，未必做得到；心里有，手上未必出得来。书法，写字，毕竟要要求形象的，换言之，要"有形"。这个"形"是从哪里来，如何"无中生有"的，又是我们要不断面对的书法大问题了。

杜甫的字怎么样？据说也不坏。也有人说是有东西流传下来的，比如有件《严公九日南山诗》，说是杜甫的。可以一看。跟李太白大不一样。正常。但讲到书法，不妨大胆再说一句：如果杜甫的书法，跟李白的《上阳台帖》仿佛如一，是不是就不"正常"了呢？

黄庭坚的第一句评论，谈诗，也可以说是谈书法。一句话，几个字，难以分清。李白的字，如《上阳台帖》，是胖胖的，颜真卿的字不也是胖胖的吗？接下来，黄庭坚真是要谈书法了，也是谈书法史，谈他对东坡书法的理解。

此书兼颜鲁公、杨少师、李西台笔意，试使东坡复为之，未必及此。

"此书"二字，很明确，是说这里我要谈的是书法。前面一句，就真是谈东坡的"诗"。跟李太白的关系，也要从诗来讲，不要多想了。您是作者，您说了算，也少了读者不少烦恼。但是，我们前面的探讨、乱想就没有意义吗？绝非如此。一字一句，字字落实，是为了分析。后面，还是要"合"起来的。"分久必合，合久必分"，并非只是谈三国，天下大势。读书论艺，何尝不是一样。

黄庭坚提到了三个人，他认为东坡把他们三个人对书法的理解融汇到一起，得到他们的笔意，才能写出这么精彩的作品。这三个人都是书法史上非常重要的人物。

第一个就是颜鲁公，颜真卿，这个人是非常重要的，东坡不止一次地谈论他，他也是对东坡影响最大的一个人。他的《祭侄文稿》被那些无聊的文人编排成所谓的天下第二行书。

第二个影响大的就是杨凝式，别名杨景度，书史上也称他杨风子。这个人很厉害。风子，注意写法，古人把疯子称为"风子"，就是风流倜傥的风，风景的风。因为他们认为疯人跟风有关系，所以叫风子。讲到这里，我忽然想到，中国美术学院（下称美院）有一位非常出色的画家，我们的前辈，这个人水平很高，也当过美院的院长，但现在已经被人遗忘了，很可惜，他的名字叫吕凤子。所以人生各自有际遇，没有办法，我们有时候读古人的文章，有很多

杨风子

无奈的地方。从理论方面来讲，潘天寿先生未必在他之上。

杨凝式是第二个对东坡影响很大的人，留下来非常多有名的作品。得简单讲一讲杨凝式的特点。他有一点像我刚才讲的文征明，当然他比文征明高太多了。为什么说他像文征明？这个人传世的书法作品风格极不统一，比如他最初的作品《夏热帖》《卢鸿草堂十志图跋》《韭花帖》《神仙起居法》，如果放在一起的话，你很难相信这是一个人写的，真是一个很奇怪的人。在五代这一混乱时代，唐朝后头，宋朝以前，杨凝式是最重要的人物，很多人认为在书法史上，书法这一脉没有断绝，就是因为有杨凝式这样的人存在。

现在很多人谈到宋朝的时候，感情是模糊的。但讲到书法，要给大家讲一个清清楚楚的话，请先记住。不知道什么原因，很多人一谈到宋朝，就会想到这是一个文化达到顶点，非常繁荣灿烂的时代。陈寅恪、王国维等学者都说，宋朝成了巅峰。当然有一定的道理，但未必完全正确。至少宋人的书法是不够好的，甚至可以说是非常非常差的。与此相关，我们还要说说现代，可以这么说，中国历朝历代都没有像我们这个时代这样，有那么多会写字的人，写得那么好的人。不是说古代人写字就比现代人写得好，这

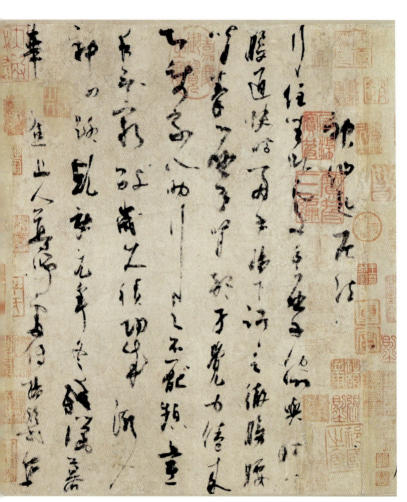

五代　杨凝式　神仙起居法　27cm×21.2cm　故宫博物院藏

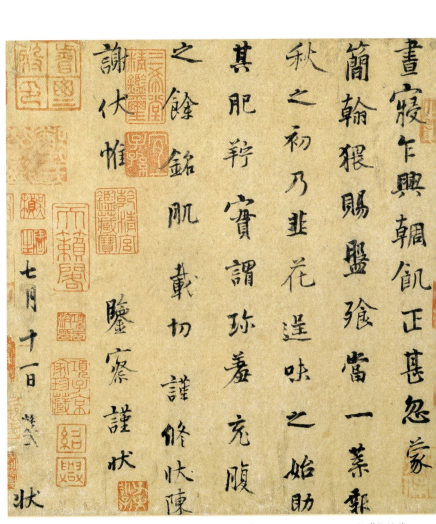

畫寢乍興輒飢正甚忽蒙
簡翰猥賜盤飧當一葉報
秋之初乃韭花逞味之始助
其肥羜實謂珍羞充腹
之餘銘肌載切謹修狀陳
謝伏惟
鑒察謹狀
七月十一日 狀

五代　楊凝式　韭花帖　26cm×28.5cm　無錫博物館藏

是很大的思想误区、雷区。当然，如果都跟王羲之比就不同了。但总体来看，古代跟现在是没法比的。这里面有什么问题？有一个教育跟学习的问题，或者说是文化问题，对文化的理解问题。谈艺术，不能脱离这个。请大家一定要注意。

宋朝书法非常衰败凋零，到了无以复加的差的地步。这个话可不是我说的，谁说的？我们举两个人出来，一个是东坡的老师，北宋的文坛领袖欧阳修，请他代表文化人吧。另外一个人，是南宋皇朝的开创者宋高宗赵构，他是非常专业的书法家，写过书法史的专著，请他代表勇敢说真话的人。说宋朝是中国文化、文明的巅峰，作为书法家我们是不大能同意的。有朋友可能就问了，你说他们的书法这么差，斯文扫地了，那他们不懂文化，没有文明？当然也不能这么说，只能说如果我们要继续谈下去，就要深思文化、文明到底是什么东西，每一个时代，除了延续传统之外，我们也得不断重新定义它，创造它。

有一次在学院外讲座，有人就问了这个问题。他说我照你说的，也看了赵构的书法史，还有很多宋朝名人的书法，的确，宋人书法是非常差的，莫名其妙的差。宋朝的文人就没有几个会写字的。但是他接着问，照你这个说法，书法衰落到这个地步，那为什么宋朝人其他地方做得很好？比如说他们的画很好，手工做得很好，精彩绝伦，你怎么解释？各位朋友，人类的知性，人类的精神，要用什么东西传达出来，变成有形之物，在不同时代、不同的历史环境里面会有差异和变化，它会流向不同的地方。可以这么想，每一个时代都有优秀的人物，当然有多有少。比如同样是乱世会出英雄，有的乱世会出特别多的英雄，有的不光出英雄，还出魔鬼。五代十国够乱吧，但它出了什么英雄呢？十三太保李存孝、朱温？反正杀人如麻的人辈出。但是你看后汉三国，那是英雄辈出，有人说那是人才的黄金时代。在每一个时代，都有顶尖的人物，但是这些顶尖的人物去干什么去了，这是不一样的。比如有的时代最天才的人去研究物理学，有的时代的人才去研究建筑，有的时代的人才去打仗，有的时代的人才去杀人，有的时代的人才跑去出家当和尚，或者还有正好到了一个时代，最有本事的人忙完了都去写字，会不会是这样？或者，决定用自己的肉体，烧成一个很美好的瓷器，像电影《醉画仙》那样？简单一提，供各位朋友参考。

回到黄庭坚。他认为杨凝式这个人也很重要。从一般肉眼可见的形态来看，黄庭坚说的这两个重要人物，颜鲁

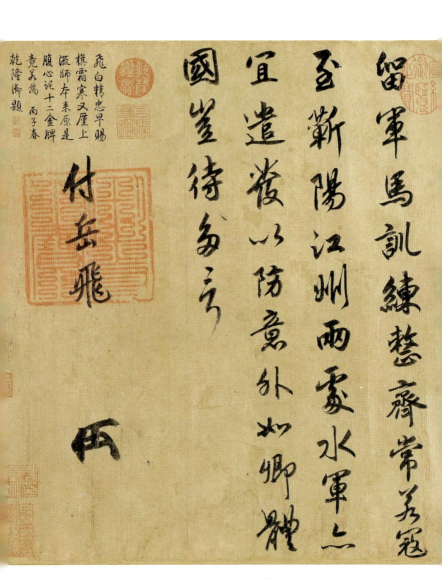

宋　趙構　付岳飞书　36.7cm×67.5cm　台北"故宫博物院"藏

卿盛秋之際提兵按邊風

霜已寒征馭良苦如是別

有事宜可密奏来朝廷以

淮西軍叛之後每加過慮

長江上流一帶緩急之際全

藉卿軍照管可更或餝所

留軍馬訓練整齊常為冠

公的字是所谓的比较"胖"的，杨凝式的字是两极，有的是极胖，比如说《卢鸿草堂十志图跋》就很"胖"，有点像颜鲁公的字；但是还有一部分，像《神仙起居法》，后来董其昌翻刻了这件东西，大家可以对比看一下，从形态上来讲，就大不相同。

第三个人是从五代乱世过渡到宋朝的开国的一位书法家，叫李建中，也就是李西台。他著名的作品叫《土母帖》。

黄庭坚就说东坡的字兼具颜鲁公、杨凝式、李西台这三个人的风格，他写出了这样的书法。用老百姓的眼光来看，东坡的字它是"胖"还是"瘦"？我们可以建立起一个坐标来谈论。可以把颜真卿的字放在一边，再打开杨凝式的《神仙起居法》放在那里，你来看看这两种东西，字的"胖""瘦"就像一个人长得胖还是瘦一样，大家是能看出来的。一个人的眼力很不好，绝对看不懂绘画，但是他三个月没见你，一见你他马上就能发现你瘦了。人是不是很神奇？那个人瘦了那么一点点，瘦了 0.5 斤他都能看出来，如果你能把这种感受力放到看书法上，那你还了得？可惜这个能力不是那么容易转移的。

前面先讲了《黄州寒食诗》的用处就可以大说一通了。读诗，可以帮我们来更好地理解广义上的文艺作品，乃至

宋　李建中　土母帖　31.3cm×44.4cm　台北"故宫博物院"藏

于书法。我用四个字，可以打开我们的思路，帮助我们理解：多情善感。你的眼睛贼溜溜的，如果你喜欢一个人、关心一个人，你三个月不见他，你更加能感觉到他是胖还是瘦。为什么？因为这种感情让你一日不见，如隔三秋，三秋，即三寒食。我们讲"三"是个大数，"已过三寒食"，《盼三年》，第三，离第一太远了。但能从第三看到第一，是真本领。

刚才讲这三个人，颜鲁公、杨风子、李建中，都可以帮我们来理解东坡的书法。李西台，西台是官名。古人称人有时候会称他的官职。东坡，我们会称他"苏玉局"，因为他做过玉局观提举。可能因为大家觉得念出来不好听，所以这个称呼用得比较少。可能想得多了，也难怪，因为我们在说诗呢。书法史上对这三人的评价也不完全一致。黄庭坚的评论很重要，但是我们讲到东坡的书法的时候，要讲一个难点，我们并不一定要完全以黄庭坚的评论为准。黄庭坚是个书法高手，也是个书法评论高手，但是他跟东坡还是很不一样。硬要比的话，他还是比东坡差了一些。黄庭坚的评论，重点是把书法史上这三个人给提出来了，这三个人一个处于唐朝，一个是处于中间的五代，另外一个是过渡到宋朝的。

对于颜鲁公，大家的评价都很高。对于杨凝式的评价也很高，黄庭坚有诗说："谁知洛阳杨风子，下笔便到乌丝栏。"关于乌丝栏，解释不一，有人说是一种高级纸，有人说是一种书法的高级境界。其实这两者是有关系的：如果书圣那样的人写字，再好的纸对他也没有影响；境界不够，就会怕太好的纸。请注意：可不只是怕差的、难用的纸哦！这就是古人说的"瓦注黄金"，好的东西可以压人意志，甚于劣物。苏、黄都谈过这个看法。但他们对李建中的评价不大一样，东坡认为李建中的字不怎么样，但是最有意思的是，细节来了，东坡对李建中的态度是非常有意思的，很像他评论黄庭坚时的态度。东坡说李建中的字，挺讨厌的，但是他虽然很讨厌，你还得学他。你不能因为他的字讨厌就完全扔掉他，放弃他。这个态度非常好，端正健康，各位可以跟着学习一下。对李建中的态度，是苏轼很典型的书法观点的展示。他这个人很会学习，这一点他比黄庭坚要了不起。

黄庭坚有个弱点，他喜欢说自己在年轻的时候写字下了很多功夫，学这个人，学那个人，当朝有一个人他学得很多，大家一般认为这个人也是黄庭坚的老师，就是周越，他也是宋朝书法史上的著名人物。但是黄庭坚说，他这个

王著初為隆平主簿

太宗皇帝時著因進書

召轉光祿寺丞侍書錫

以章綬仍供職館殿

太宗工書草行飛白神蹤

守　洛自高非臣下所可

人的字很俗，认识东坡之后，他才知道自己很俗，得好好学习，从这之后开始写得越来越好。

对黄庭坚这个话，我个人是不满意的。它里面隐含着一个东西，他把自己的字说成俗气，原因是他的老师俗。当然一方面来讲山谷很可爱，不说堂皇的假话，是应该肯定的。但是从书法学习的角度来看，他这样讲是很不好的，把不好推给别人。自己俗，是因为我的老师很俗，那么我们可以这样问他：你这个字写得很俗，你怪你的老师周越，怪跟他学坏了，如果你当时学的时候自己不这么俗，你不就学好了吗？这是个问题。有人讲，我年轻，不懂事，我又不懂这个道理，所以我只能是跟他学呀。有没有道理？有。但有的人所处的环境也不好，也没有好的学习条件，也没有老师教他，但他自己一上去就学得很好，也不俗，又是怎么回事？有人这样吗？有，东坡就是。

黄庭坚想过这事。他说四川这个地方很奇怪，很落后，文化也不发达，后来也出了一些人物，有的人建功立业，有的人大有战功，有的人雄霸一方，但是黄庭坚这个地方的人写的字历来都很差，这是黄庭坚说的。但是黄庭坚说突然有一天出了一个东坡，他始终也想不清楚为什么，怎么能出来这么一个人，写得这么好。各位明白了吗？黄庭

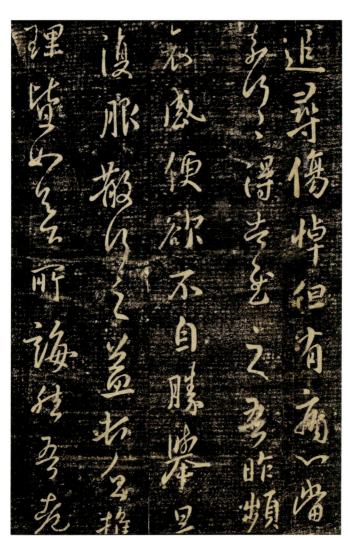

追尋傷悼但有痛當

寻浮言之毫昨頻

盛便欲不自勝舉旦

復那散耶之益老公推

理皆如此吾所詠佳吾老矣

宋　王羲之书　淳化祖帖第六卷（局部）　尺寸不详　美国弗利尔美术馆藏

坚的意思是他写得不好，很俗，是因为他学了一个老师，写得很差，几十年都摆脱不了。但是为什么也没人教东坡，那个地方也没什么好书法，但是东坡怎么就写得这么好？他只能得出一个结论：东坡是天才。艺术里面有个重要的理论叫天才论，无法解释的时候，只能说他是天才。什么叫天才？天才的意思就是说他是天生的，他的禀赋、才能是先天就有的，一生下来就带着。有本领，有非同寻常、远超凡人的才能的人，我们称之为天才。但是你反过来看，我们问一个问题，你的天才是从哪里来的？从天来的，所以说还有一个词，叫"天赋"。是天给你的，落到你身上。请注意我的方式，我这叫咬文嚼字，一定要注意这一点。我们也认为东坡是天才，就好比东坡像个神仙那样，所以说他的诗是谪仙人的诗，仙气飘飘，不食人间烟火。他的书法写得那么好，为什么？因为他是个天才。

东坡当然是天才，毫无疑问。他的老对手，王安石，很烦东坡，恨不得把他弄死。但是后来他觉得东坡这个人这么有才，几百年也见不到一位，所以还是放东坡一条生路，但是也不妨他说苏轼是"奸险"小人。什么叫小人？王安石说东坡是个小人，什么意思？要知道是跟谁比。"一般一般，天下第三"，如果我把东坡跟王安石比，从某些

爾時觀世音菩薩即從座起頂禮佛足而白佛言世尊憶念我昔
無數恆河沙劫於時有佛出現於世名觀世音我於彼佛發菩提心
彼佛教我從聞思修入三摩地初於聞中入流亡所所入既寂
動靜二相了然不生如是漸增聞所聞盡盡聞不住覺所覺
空覺極圓空所空滅生滅既滅寂滅現前忽然超越世出世間
十方圓明獲二殊勝者上合十方諸佛本妙覺心與佛如來同一慈
力者下合十方一切六道眾生與諸眾生同一悲仰世尊由我供養
觀世音如來蒙彼如來授我如幻聞熏聞修金剛三昧與佛如來同慈
力故令我身成三十二應入諸國土世尊若諸菩薩入三摩地進修
無漏勝解現圓我現佛身而為說法令其解脫若諸有學寂靜
妙明勝妙現圓我於彼前現獨覺身而為說法令其解脫若諸有學
明諦十二緣起緣斷勝性性勝妙現圓我於彼前現緣覺身而興

方面来讲，我们是不是可以说东坡是个小人？想回答这个问题，就要去好好读书，不是读简单的书，要认真地读书，读认真的书，才有可能回答这样的问题。这是大问题了。不知道什么叫"大人"，你怎么知道什么叫"小人"？书法的道理是不是也是这样的，你不懂王羲之的第一，你怎么能排出来颜鲁公、杨凝式、李建中，或者说"一般一般，天下第三"的东坡《黄州寒食诗帖》？

顺便说一下，2021 年是大政治家王安石诞生 1000 年。列宁对他很是激赏。王安石是射手座，东坡是摩羯座，韩愈也是摩羯座。东坡自己有时感慨，说摩羯座的人活着都要受苦受难啊。王安石心怀家国，东坡，想得也不小。

继续把黄山谷的评论讲完。

第一段说东坡诗像李白，我们已经解释。第二是对东坡最直接的评论，认为他有三家的东西在里面，用术语来说，得三家"笔意"。注意用词，中国人看书法，重视"笔"。一定要注意这个字，重视笔，有笔才有笔意，才有笔画。在这里我要强调，中国人讲写字、画画，是不谈线的，我们谈"笔画"，那些谈线条的，如果不说外行，也是不够传统或古典。注意这一点，因为这里是在讲书法的传统，如果说在专业领域之外，怎么谈无所谓，大家请明白这一点。笔画，一笔一画，不是线。哪怕是学油画，我们也不轻易讲这个东西。油画里面有个词非常好，翻译得也有意思，如果放到书法里面就更好玩了：笔触（stroke），这个词跟打击相关。如果一个人在这个世界上受到了一个很重的打击，突然就不能动了，偏瘫了，这叫"中风"，受了风的击打所致。上面讲到的杨凝式，风子，也是这种意思。为什么讲到这一点？中国书法里面讲的用笔，这个笔里面包含了很多东西，但是从西方所讲的油画笔触的"触"这个字中，能给我们很多想象和思考，这是具体问题，供有心的朋友参考。

触，什么叫触？去看 J.D. 塞林格的小说，他谈感情，那句被传烂了的话，出自他的《破碎故事之心》："爱你才是最重要的事，莱斯特小姐。有些人觉得爱就是性，是婚姻，是清晨六点的吻和一堆孩子，或许爱就是这样，莱斯特小姐，但你知道我怎么想吗？我觉得爱是想要触碰却又收回手。"

当然翻译得不全对。有兴趣应该去读他的原文。说的真是"心里话"，从心到手，是写字，是艺术的事。

如果讲到打、打击，那会更有意思。所以还是那句老话，字里乾坤大。关键是你能不能进得去，进去之后天高地厚，海阔天空。拿宋朝哲学家，比如朱熹这样的人的话来讲，鸢飞鱼跃，活泼泼的生命。但进不去就好像是无路可走，处处"碰壁"：古人讲书法学习，不得其门而入，常常说到这堵墙。进去的过程，就像陶渊明在《桃花源记》中说的一样，刚开始是狭窄的，慢慢进去之后才发现，豁然开朗。读诗是一样的，书法也是这样。

回到山谷的评论。大家去看一下，哪怕是从俗人所谓的"胖""瘦"去看，也要有一把标尺，有一个尺度在心里起作用。第三句是他的根本理念，他说如果让东坡再去写，可能也写不到这个样子。那就是说，所有的好作品都是一时兴会。我们所讲的，是一时一地，天造地设，各方面都很合拍，都很和谐。古人把这个状态产生的作品称为"合作"，不是你跟别人一起写的那种合作，而是说一个好的作品，得意的作品，它是很多因素一起和谐共生的关系。和是大和，大，就是太，太和。就像杭州这个地方，在钱塘江那里有一个塔叫"六和塔"。大家可以看看什么叫"六和"，什么叫"和合"。道家有仙人叫"和合二仙"，和气的和，跟我们说的合作的合，是一种。没有这个，就是勉强的作品，不能称之为神作、得意之作、天才之作。让东坡自己再来写一遍是写不了的，就像《兰亭序》也是这样。

王羲之写这个东西是喝酒喝多了，然后蚕茧纸、鼠须笔，一挥而就。这个说法不可靠，宋朝人特别喜欢附会，可能是有文化，就可以胡说八道。书法史上很多东西都是宋朝人做的，他们水平不够，经常把古人的意思搞错。他们说王羲之酒醒之后，人家说你再写一个吧，他又写了几篇，写得都不如原来的东西好。因为那是我们讲的一时兴会之作，是"合作"。如果用现代的艺术语言来讲，我们可以称之为偶然之作，偶发的。但如果用这样的说法来证明《兰亭序》是书圣的最佳作品，那是不大好的。

再进一步说：如果用高标准来要求，我们可以把所有好作品的本质都凝聚成一个字，"真"。你想要再写一遍这个帖，但你的那个状态已经过去了，你跟要写的那些文字、那些话、那些诗句的关系已经变了，想写得像以前那个你写的那样，怎么可能？你已经不是那个人，那个人也不是那个人，你还老想留住原来你跟那个人的那时、那地、那样的感情，怎么个留法？用道家的说法，这叫"刻舟求剑"。好比我们讲过的杜牧诗，《惜春》，想把流光，流变的时光，攥在手里，时光如流水，想把水攥在手里，不让它走，行吗？所以你也成了假的，你想要这个要不到的东西，这就已经不是真感情，不是"爱"，而是占有，是"贪"。

他日东坡或见此书，应笑我于无佛处称尊也。

黄庭坚说，如果东坡看见这件"书"，我们不知道它到底是哪个书，是说他写的这首诗，还是说黄庭坚写的题跋，还是他自己写的《黄州寒食诗帖》。他说"应笑我于无佛处称尊也"。这个话，很多研究苏轼的学者写论文来谈，蛮有趣。我的理解非常简单，是说这个字，《黄州寒食诗帖》写得非常好，一时合作，无以复加，不可能再出现第二次。让他再来写，他也写不成这样。就像王羲之那样。所以说如果让东坡现在来看这个字，东坡应该会笑，笑什么呢？笑我于无佛处称尊。我的理解是，东坡会哈哈大笑，会说你看看颜鲁公、杨凝式、李西台他们都不在了，现在就是我了。这是我认为的黄庭坚的意思，而不是像很多评论家研究的，东坡看到这个字，会笑黄庭坚，说你是在无佛处称尊？不是这样，因为他是在谈东坡，谈东坡的诗，谈东坡的字，谈东坡这件作品的成就。

这里又涉及对宋朝几个大书法家的理解。宋朝，尤其北宋，只有这几个人写的字还能看、学，即所谓的"宋四家"。大家要注意，这"宋四家"都是北宋的，不是南宋。苏、黄、米、蔡，第一个是蔡，蔡襄，福建人，蔡襄和东坡不是一辈，他大东坡20多岁。黄庭坚、米芾和东坡差不多是一辈，当然米芾比东坡小很多。这四个人是宋朝最能写字的人。这里面有一个突出的问题，苏、黄对书法的理解：黄庭坚为什么认为"无佛处称尊"？黄庭坚后半辈子坚定不移地认为宋朝书法写得最好的、国朝第一的人是谁？是东坡，是我的老师写得最好。但是他的老师东坡绝不这么认为，他一辈子坚定不移地认为蔡襄写得最好。

苏、黄二人对书法的态度很不一样。我们要正视这个差异，这里面有很多要谈的，我们只能简单说一下。什么叫国朝第一？东坡从来没想过要当第一，但黄庭坚认为我的老师写得最好。什么叫最好？古人都不在了，现在我的老师就是最好的，其他人都不行了。宋朝就是东坡，就是于无佛处称尊的那位。当然，东坡是不会说我比颜鲁公、杨凝式写得好，这是不可能的。东坡自己说过，他写得好的时候，字很放得开了，会写得像严法华。严法华是一个僧人，这就跟佛、禅有些关系了。东坡也喜欢谈道、谈禅，就像他跟杭州的高僧佛印，也留下了不少故事。黄庭坚呢，是一本正经的禅宗中人，他的名字，是入了禅宗世系谱的。

东坡对自己的字，是有很明确的认识的。所以他不会很当真地来把自己作为一个大书法家去跟别人比，他推崇蔡襄。当然，蔡襄也有弱点，比如说蔡襄的大字不行、他的楷书可能也不够好，等等。跟黄庭坚大不相同。这里要请朋友们留意的是：第一、第二这些东西不是不能谈，但是你要谈出你的理解和依据。当然，这正是艺术思考最难的地方。

讲到俗，黄庭坚最怕俗了，他觉得东坡为什么这么厉害，因为他一点都不俗。东坡肚子里面有的是学问，胸中有万卷书，下笔就没有一点俗气。你肚里没那些东西，怎么能写出不俗的字？这话毫无疑问是对的。人要重修养，一个没有修养的人怎么可能写出有修养的字，这也是"书如其人"中很重要的一点。当然，如果分析起来，人是很复杂的，"如其人"也就复杂起来。晚清的刘熙载作《书概》，就拆开讲，什么叫"如其人，如其学，如其才，如其志"，那都是"如"。所以盯住某一个"如"，或许正是你的"入"处。你得抓住一个重点，有一个切入的地方，这是非常具体的事情，艺术是具体的。

许多文化人现在爱谈东坡，生产一些俗人评论，实在无聊。东坡跟黄庭坚在一起聊天，谈书法，互相讽刺，这种事情不大多，大概只有他们两个人。开个玩笑。秦观，秦少游，就曾经说黄庭坚不大好，因为他有时候居然敢跟东坡开玩笑，叫东坡的外号。东坡自己倒是不在乎，他认为黄庭坚也是天才，惺惺相惜。谈到书法的时候，野史笔记里就传了，黄庭坚说东坡的字写得很难看，像石头压扁的死蛤蟆。东坡说黄庭坚的字也不咋的，像挂在树上的死蛇，还绕来绕去。两个人哈哈大笑。宋朝人讲这个故事，很是误导小朋友学习书法。有的学者为了证明自己的学问，说这个话是王羲之说的，王羲之在谈笔法的时候谈到这个问题，就是说写字不能像石头压死蛤蟆，也不能像树上挂着死蛇一样。其实高度可疑，王羲之这样的人不可能说这种话，实属宋人伪造。

宋朝人就喜欢讲这种无聊的故事，他们写笔记，那时出版业开始兴起了，出书容易起来了，所以很多人都写书出版，以便青史留名，永垂不朽。我不是说现在，我是说宋朝。于是东坡的字，仿佛有了专业评价，几成盖棺之论。一方面说这个人的字胖、肥、肉多，另外一个就是像死蛤蟆趴着。如果我们从专业角度来想，为什么会有这种话出来，是有原因的。它和黄庭坚有很直接的关系。黄庭坚说东坡写字，笔是趴着的，专业术语叫"偃笔"，说起"偃"，《三国演义》里，关羽有口刀叫冷艳锯，也叫青龙偃月刀，"偃月"就是一个卧倒的月亮。什么叫偃笔？这个

偃月刀

宋　秦观　秦观书摩诘辋川图跋　37.7cm×90.2cm　台北"故宫博物院"藏

笔是卧着的。由于这个笔是卧着的，于是有人说东坡写字时胳膊都是压在纸上的，不是提起来的。而高手写字是喜欢悬着的，悬腕、悬肘。他们说东坡不是这样，以讹传讹，东坡的字就成"死蛤蟆"了。这是胡说，写小字的时候，手臂压在纸上很正常，因为已经到宋朝了，不是在晋朝，那个时候已经有桌子了。现在写这么小的字，那么多页，那么多字，我也一定要像晋朝人那样吗？没有必要。明朝的董其昌是绝世高手，无比聪明，他也说东坡偃笔，但是他话里的意义，跟我们说的这种"死蛤蟆"不是一回事。

再举一个例子，赵孟頫。他的名气，可以说大极了，老百姓也喜欢。赵孟頫怎么评论东坡的字？四个字，东北人听了最熟悉，"老熊当道"。在森林里面，黑瞎子才是最凶猛的动物。老虎、狮子都怕黑瞎子，黑瞎子就是黑熊。他说东坡的字像一只老熊站在路中间，十分恐怖。注意，这话是赵孟頫说出来的，赵孟頫的字，历来被说成是柔美的、华美的、没有力量。看他说东坡你就知道，可不是像外行想得那样简单。赵孟頫评价东坡其实是按照古人的标准来的，他认为书法里面最重要的东西是什么？是力量。

不是说中国人谈书法不谈美，也谈，很少，美没那么重要。如果它真是那么重要，我们应该问，什么叫"美"？

就像我们谈天才一样，你是很有才，但是你的才是从哪里来的？什么样的人是人才？真正的人才都是天才。你得问问他从哪里来的，是什么东西造就了他可以有这样的才能，让他在某些方面达到如此的成就。什么叫天才？天才未必是说他能够一动手就把自己的字写得漂亮，而应该想到后面的东西，他从哪里获得这样的眼光、格调、品位、追求、耐心、美感、节制、勇敢等东西。用现代术语来说，他从哪里获得这样的"素质"？美是从哪里来的？什么样的美是真的？或者我们问问自己，我们所有的学习都是为了自己，如果说我想追求书法的美，我喜欢的书法的美是哪一种美呢？赵孟頫没有说美，他把东坡的字比作老熊，老熊充满力量，让人望而生畏，这是不是一种美？如果是，你会不会把它当成一种美而顺利接受？只有胸襟开阔的人方能如此。这是什么美？这是生命之美，生命力之美，自然之美。只有孔雀开屏是美的吗？老熊就不美吗？所以在这里，美的重点就变了，应该关注的是成为人的生命价值以及生命的流露。这是否也是对"书如其人"的一种阐释呢？

赵孟頫这人，无论你喜欢与否，都是讨论书法时不能回避的人物。他对黄庭坚也很重视，《兰亭十三跋》就是他在写《兰亭序》的时候留下的十三段跋语，其中有提到黄庭坚的话："世人但学兰亭面，欲换凡骨无金丹。"意思是写字的人都说《兰亭序》好，王羲之厉害，但是有一句很丧气的话跟着，"欲换凡骨无金丹"，你是肉胎凡骨，你怎么能变得像王羲之这么厉害呢？不能像他那么厉害，你怎么能写出这么好的作品呢？你想脱胎换骨，写得好，可惜你找不到那神奇的丹药。所以说学习艺术的根本秘诀在哪里，这才是研究书法者最应该关心的问题。

讲到这里，又要引出一位重要人物了，米芾。

这个人，才是真正影响了中国书法史的宋朝人。东坡的字好，但其实学他的人不多，学得好的更少，米芾不然。米芾去黄州看东坡，东坡在他的雪堂里面接待，宾主甚欢，想必他们谈了不少书法，可惜没有明确的文献记载。米芾也是个画家，米家山水名天下。鲁迅不喜欢，说米家山水"全无用处"。我个人谨慎表示同意鲁迅。东坡喜欢米芾，认为米芾很有才华，而且这个小伙子很狂放，让人看了很开心。很多老年人、长辈喜欢年轻人，可不一定都喜欢乖乖宝哦。学艺术更应该知道这个道理。东坡到晚年还给米芾写信，诉说思念，说他现在这个情况很不好，到处飘零，如果米芾能给他写封信，能让他看看米芾的字，那他会多开心啊。我相信东坡是发自内心的。米芾这个人呢，嘴坏，不大说人好话。当然，东坡的嘴也很毒，他为什么被贬到黄州遭罪，跟他说话有关，他自己也特别清楚。当然，说话至少有两个意思，一个是生活里的说话，一个是写诗，是艺术语言的表达。

米芾论书法，可谓人狠话不多。对宋朝书法的评价，他的这几句话最为经典。米芾在朝堂之上的身份，是书画博士。有天上朝，皇帝问他：你怎么看我们宋朝这些大书法家？让他评论一下。他就开说了，一个都不放过：

> 海岳以书学博士召对，上问本朝以书名世者凡数人，海岳各以其人对，曰："蔡京不得笔，蔡卞得笔而乏逸韵，蔡襄勒字，沈辽排字，黄庭坚描字，苏轼画字。"

蔡京、蔡卞都是著名的"奸人"，当然蔡京更奸，更知名，看《水浒传》就知道，四大奸臣嘛。好在死得不太理想，这里且不说他，一说就多。这几年有些人，为了证明自己有点文化、知道些书法，时不时提提这两蔡，再衬一下郭沫若、康生等人，讽刺一下古老的"书如其人"理论，其实是不大好的。

先说"排字"的沈辽。他最没有名气，虽然他是著名的沈括先生的侄子。有专家说是沈括的弟弟，可能是考证出年纪比沈括小。野史家还说，沈括是害过东坡的，差点害死他，好在东坡活了下来，去了黄州。这不，也为中国书法事业做出突出贡献了呀。但他也还是位"奸人"。正史家说是胡扯，您的选择权在自己。不过乱世出英雄，也多奸人，不奇怪。

沈辽的一生，有人说是悲惨的，引人同情。只因为做错一点小事，被皇帝革职，由贵而贱，流落江湖，漂泊而终。这人诗写得不坏，据说对名利没多大兴趣，黄庭坚写过他，评价不俗。蔡襄，东坡心里的宋朝第一书法家，是"勒字"。黄庭坚，"描字"。最后，重头戏来了，东坡，"画字"。这样的评论，只能说是精彩。

但到现在为止，还没见过几篇文章好好谈谈米氏这几句话。太多人浅尝辄止，于事无补。今天我们努力看一看，想一想，重点讲三个人。蔡襄的"勒字"比较好理解，简单来说就是刻字、刻碑，"燕然未勒归无计"。蔡襄以楷书著称，大字不行，比较弱，他写字追求漂亮，刻个碑也要写很多遍，然后把字裁下来，一个字一个字地拼起来。

这样写字，当然就不够鲜活生动了，所以他的书法刻板、刻薄、缺乏力量。也许，蔡襄这个人也不是那么风流倜傥。不过，他可是个茶文化的专家，还有专门的著作流传至今呢。东坡对他是尊敬的，我们知道，东坡老说蔡前辈才是宋朝第一书法家。虽然，东坡也对他有过批评，不过这涉及为官主政，这里不展开。

黄庭坚是"描字"，老米说得太狠了。黄庭坚给人的感觉，历来都说是多么力量弥漫，长枪大戟，但是在米芾的眼里，他就成了描字。什么叫描？照着葫芦画瓢，小朋友写字描红，压了一张纸在上面，恐怕写错。他一眼就看透了黄庭坚的本质：豪放是其表象、假象，里面是抖抖索索，老怕写坏。前面说了，黄庭坚不是整天怕写不好，怕写得"俗"吗？有人说，这是对黄庭坚最精彩的点评，今天我们很少能听到如此精彩的艺术评论了吧。黄庭坚的书法，如收藏在台北"故宫博物院"的《花气薰人帖》，的确不够好。为什么如此知名？因为是被推出来的，被有文化的外行同志们推出来的。

最难的还是东坡。他说东坡"画字"，而"画"这个字真的不好说得清楚全面。什么叫画？这个字放在东坡身上，总让人觉得心里不够明朗。东坡可是画家，虽然很遗憾，东坡的画一张都没留下来，现在所说的什么真迹基本都是假的，什么《怪木竹石图》，都是后人根据史料附会之作，因为大家知道苏轼喜欢画这个东西。历史上有记载皇帝最喜欢看东坡画的《怪木竹石图》。顺便一提，很多人研究苏轼，但目的不同。有的人就是为了造假。造假有很多境界，有的是往"有的"造，往实里造；有人是往"没的"造，往虚空里造，各有境界，各有说法。不过这个不是我们的重点。黄庭坚有件作品，《砥柱铭》，拍卖了4.3亿，令艺术青年与标题党欢喜雀跃。有的书法工作者看了，痛心疾首，因为他觉得不像是"真迹"，是那么明显的伪作。我们知道，鉴定艺术品是高级的艺术行为，而且更不仅是文艺行为，还不得不牵扯其他人类文明的成绩，比如社会学、营销学，更不能忘记现代金融业的伟力。而这些，都超出我们这里的讨论范围。只有一点是非常明确的：这只"鉴定"的眼从哪里来？如果自己、观众、读者，没有"定"的眼，即自己的眼光，怎么"定"这书画作品的真假好坏呢？这么一来，"鉴赏"的这个"赏"与"赏心悦目"，怕也不大容易获取。说到这里，可能还是让你有点感慨吧？不过这么一比，《黄州寒食诗帖》仿佛更加可爱了。

　　然而，米芾还是说东坡书法是"画字"。我们不需生气，

（传）宋　苏轼　怪木竹石图（局部）　27cm×543cm　私人藏

继续研究。现在有句时兴话叫"神仙打架"，特别引人兴奋。但无论如何，还是那句老话，"外行看热闹，行家看门道"。看，看见，看清楚，从来不简单。

东坡是画家，我们或者要想想画。这里的看法，是我们努力思考的证明。简单来说，第一，东坡画字，跟东坡的画学思想有关。画是干吗的，东坡认为，画是写意的。讲到《黄州寒食诗帖》，我们不得不想到东坡对王维的著名评论。王维是谁？所谓"前身是画师"，后来更被明朝董其昌等人推崇为文人画鼻祖。东坡怎么说？说王摩诘"诗中有画，画中有诗"，大家都知道这话。如果我们把米芾的评论放在《黄州寒食诗帖》这里，可不可以说东坡是画字？画字，字有画意，如王维这画家诗人的诗里面有画意，我们都知道这一点，那么字里面有画意可不可以？未尝不可，但是我们还是得想，这些字里面的画意是什么？这可不是在说闲话了，放眼中国两千年前的书法史，你就知道这是一个大问题。

宋之前的古人写字，跟后人大不相同，只要去看看王献之、王羲之的字，就知道人跟人的差别有多么巨大。后人写字其实有很多很奇怪的说法，我用了"奇怪"这个词，这个词是贬义了，不是汉朝人说的奇怪，是书法史的一个

自我来黄州已过三寒食年年欲惜春春去不容惜今年

明 董其昌 临黄州寒食诗帖（局部） 尺寸不详 原藏于朱氏里松庵

重要的术语，是说多姿多彩多变化，"惟笔软则奇怪生焉"（蔡邕《九势》）。我刚才讲的这句话就奇奇怪怪的。比如说明朝人，像王铎、董其昌。刚才讲到米芾，董其昌写字的秘密其实是在米芾身上用功，王铎也一样。他们都喜欢谈一个词，章法。而古人，是不大讲什么章法的，后人才讲章法。什么叫章法？用最简单的话来讲，可以联结米芾评论的这个"画字"。画字里的画意，可以帮助我们从好的方面来理解"章法"二字。

第二点，画是什么？接着前面的黄庭坚，"描字"怎么理解？我们读《花间词》，读冯延巳、温八叉，他们那些著名的作品中，经常写一个女孩子早上起来化妆，或者晚上化妆，中国人把这个状态称为"描眉画眼"。汉朝有一个著名的爱情故事，张敞画眉，我经常想到这个词。有叫画眉鸟的鸟，大家有没听过？画眉是一个说法，描眉是另一个说法。有的女孩子可能非常专业，当然，有的男人可能也很专业，据说现在很多男孩子开始化妆了，化得比女孩子还厉害，希望大家鼓励一下，平衡阴阳。描眉画眼是一种什么感觉？这是一个书法里面很实在的东西了，不是开玩笑。很多人在生活中远离了用笔，拿起笔写不了字了。学哲学的很多人迷恋尼采，他写得又好又多又快。为什么他写得这么快？因为他后来用了打字机呀！现在我们用语音输入或电脑，打得更快，我们使用笔的机会又少了。古人说的"用笔"要比我说的"使用笔"的意思要复杂得多。但是有一些人很讲究他使用的笔。哪一种人？描眉画眼的化妆师，或者给自己当化妆师的人，一不小心就失之毫厘，本来想画烟熏妆，结果画成熊猫眼。差别大了，这里面的讲究也就多了。

请大家注意，什么叫描画？黄庭坚是描字，生怕写得不像，生怕写得不对，生怕写错了。描的意思，在不敢使劲，恐怕出错。画呢？画的重点不一样，画的重点在哪里？是好像在对着葫芦画瓢的感觉，老想弄成这样，老想让你那样。但是仔细想想看，它跟描还不一样。描好像是笔一点点轻轻地这样弄弄，那样弄弄。描还让人想起描线，我们不是经常讲到线描吗？画的重点，好像不在于这条那条线，对不对？这样想想，你再去看看黄庭坚的字，东坡的字，你就知道这里面是有点意思的。黄庭坚的字，尤其他所谓的草书给人的感觉缠来绕去，不是这一条一条死蛇挂树吗？东坡呢，要说是死蛤蟆，也是一片片，一块块，果然不一样。他们的书法追求是不一样的，有的字写得无限伸展，游丝缕缕空中荡。有的人不是，他就在那里，坐地虎，虎"卧"凤阁。

　　但是人和人不一样，有的人卧在那里，照样自由自在，一世的雄豪。典型的例子，讲书法，当然要提王羲之最出名的故事。郗太傅那个老头说要给他们家闺女挑好男人，就到王家去，王、谢皆是名门望族，也是高等级的贵族，因为这个女孩子很出色，就要挑一个最好的男人。这些男孩子都欢欣雀跃，把自己一顿收拾，一通描眉画眼，搞得很漂亮。那个时代的男人喜欢化妆，出门要备化妆包的。老郗先生到了一看，只发现一个男人很好，最后定了他。说这个人天热的时候就露个肚子躺在那里，一点都不主动表现。这就是一个著名的故事，叫"坦腹东床"，这个人就是王羲之，风流潇洒，不在乎。讲到王羲之一定要讲到这一点，不在乎，这么大的事对他来说无所谓。但是反过来想，一定要反过来想，王羲之不想娶美丽的女孩子吗？未必。但是我很重视这个事儿，我就要非得把自己叫起来描眉画眼吗？难道我坦腹东床就不是重视吗？要在这个地方下功夫，才能学哲学，玩味艺术与学术。所以后来又传下来一个成语，叫东床快婿，王羲之成了中国历史上最有名的女婿，给中国书法界露脸争光。

　　为什么讲到这里？东坡的"画字"，可以往反方向思考：

后人论书法，不常常讲画里有笔，画画要重视书法吗？如果说字、书法与中国的画是根本上相通的，那么，这个"画字"之说，也完全可能是说东坡书法的深刻，触及了中国艺术的灵魂？

第三点，说描与画的区别。有学者说画重，描轻，也有道理。东坡的笔是很重的，书法史上都知道东坡喜欢在纸上用浓墨，大家就会觉得它很重，其实用笔的重轻与否跟墨没有什么根本关系。但老百姓看到墨浓重，往往就会觉得有力量。就像后来明朝的书法大家王铎，他就非常注意墨，"王侯笔力能扛鼎"，董其昌则是所谓"淡墨"。这种差别，到清朝演绎成了"浓墨状元"与"淡墨探花"，刘罗锅和王文治。

前几年我去看王铎的展览，遇见过几个书法家，装模作样地给学生讲解，说你看这王铎的字多么有力量，多么雄强，你看它这"涨墨"，墨那么一堆在那里，更凸显它的力量。可笑了，这样的力量，不过是表面现象。那么，有人认为东坡这个"画字"是说他字重，应该从哪里理解？不是从他的浓墨，东坡很重视浓墨，这是古法，古人也是这样的。而应该从赵孟頫说的"老熊当道"去看。为什么刚才提到东床快婿不同常理，因为王羲之无论是藏在那里、

严赜曰山梯妙寄岩廊英峥不繇不戴

自义溪古有赫龙晖天造赖艺末胄弘迹人

鲜臻诣永揭太平震笃大地后赜谢安之书滂

明　王铎　赞谢安书　236.6cm×52.2cm　安徽博物院藏

之視今亦由今之視昔悲夫故

列叙時人録其所述雖世殊

事異所以興懷其致一也後之

覽者亦將有感於斯文

崇禎九年八月 王鐸力疾書

趴在那里、卧在那里都没关系，懂行的人照样可以从他那里看出端倪，看穿你的伪装，看到这位风流倜傥的奇男子。而那些俗人，他会说这么严肃的一件事情，王羲之你怎么能这样，你态度不端正，我怎么可能把女儿嫁给你，这就俗了。从这点讲，书如其人，看字亦如看人。

但是，"画"字就这样讲完了吗？当然没有。为了加深印象，我们再说些更具体些的书法理论、传统理论，帮助理解我们讲的轻与重的力量。这就要讲到书法史上几个经典的术语。用笔方面，中国人最著名说法有如下几种：第一，锥画沙；第二，屋漏痕；再往下讲就不是太有名了，第三，折钗股；第四，印印泥。黄庭坚还不满意，还要说就像虫子吃树叶，有点无聊了，画蛇添足。锥画沙，中国人讲这个笔画的画，就是你画这个字，笔力雄强，写字应该像什么呢？应该像你用金属制造的锋利的锥在沙子上面画字一样。这个画，我们现在也写成"划"，是一个字。不一定是计划的划，但是你说是计划的划也没关系，只是要注意，右边有个刀，这个刀很重要。用刀、用锥要不要有力，要不要用力？这个力，跟不锋利的东西相比有何不同？书法的力，可以这样来想。

米芾的评价，有人认为就是把所有的人都嘲讽了一遍，

米元章此卷如獅子捉
象以全力赴之當為生平
合作金吾得摹本刻之鴻
堂帖甲辰五月新都吳太學
攜真蹟至西湖遂以諸名
蹟易之時徐茂吳方詣生
親書畫志余得此卷歡回
已探驪龍珠餘皆長物矣
吳太學書畫船為之一輕也
姑復自寶曰米家書畫所
慟太學名廷當有右軍
宮奴帖笑平

明　董其昌　跋米芾《蜀素帖》其二　29.7cm×560cm（《蜀素帖》全卷）

他们不够好，描、画、勒、排都不是好话。我认为不是那么简单，哪怕说他是讽刺东坡，这里面也是有东西可以谈的。总体来说，米芾在这方面还是很严肃的，虽然他说话经常不负责任，说假话。所以"尽信书则不如无书"，读艺术史这么小众的东西，也是同一回事。有些人的话是不能都相信的。米芾是鉴赏家和书法家，他收藏，而所有收藏家的话都更不能全信。为什么？因为他是做生意的，他要从中获利。

米芾一场评论之后，皇帝也不知道是高兴还是不高兴，反正是接着问了，爱卿你自己的字呢？你说人家这样那样，说说你自己吧。

上复问："卿书如何？"对曰："臣书刷字。"

古希腊那句神谕怎么说的？"认识你自己。"米芾一以贯之，一字万钧地继续自评："臣书刷字。"请注意，"刷"字右边同样有一刀。刀是干什么的？砍树的、杀人的。人为什么用刀？更简单、更有力地砍杀，所以刀是武器，是凶器。所以讲到锥画沙，归结到米芾的"刷"字，都是在讲中国书法里的第一要义，力量。

清朝有个大人物，简直圣人一般，湖南人的太阳，说了句很有趣的话：写字用笔，就像女人谋杀亲夫。如果是这样，这个力度如何，大家可以好好想想了。《水浒》里潘金莲要杀武大郎，是喂药，手里没刀，刀在哪里？心里。就是个"意"，在诗是"诗情画意"，在书法是"笔意"，在潘小姐这里是"杀意"，用心杀人。那在用笔呢？

这个清朝人，叫曾国藩。

"刷"这个字，很多人一听就想起刷鞋子或者刷牙了。不是，举个例子，《三国演义》里两军战斗，经常讲两个人棋逢对手，难分上下，就有许多种说法：上山虎遇下山虎，云中龙逢雾中龙。还有一句可以用在这里：铜锅碰上铁刷子。这个"刷"，符合我们这里的需要。

总结一下：真正的写字，好的书法，是什么样子的？是写字，而不是勒字、排字、描字、画字，乃至于刷字都未必是理想的。所以这样看下来，米芾好像也没有把自己拔得太高。刷字就是最好的吗？米芾的《蜀素帖》非常有名，董其昌写了个著名的跋，就像黄庭坚给东坡的《黄州寒食诗帖》写跋一样，他说米南宫这作品"风樯阵马，不足为其勇也"。这个评论很有名，但其实这样的评论黄庭坚也说过。黄庭坚和几百年后的董其昌，都说米芾的字风墙阵马，可不完全是在夸米芾，也是说米芾的字写得太野。后面还有一句话，说米芾这样的字就像子路没有见到孔子的时候一样，一勇之夫。就是说米芾还没入正道呢，远未入室登堂。用时兴的话讲，是你有很大的提升空间，还有很长的路要走，大有可为。

附带一提，北宋的大山水画家郭熙，在他的《林泉高致》里是说到"刷"的，不过他是在谈皴法。米芾也是画家，山水画家，有所谓"米点云山"，名头很不小。虽然，鲁迅好像不大买账，说米家山水毫无用处。不过，中国的书法，跟画，终是难分难解。

米芾对他这朋友说得也狠，看来是打平了。这是玩笑，其实从高标准来看，两人的说法都是对的。他们都可说是"取法乎上"地论书法，虽然他们的字都存在着问题，甚至是很大的问题。所以在宋朝之后，元、明、清以来，不少人说宋朝人的字写得很坏，不能学，害人不浅，一学就坏。尤其是米芾、黄庭坚、东坡这三个人，他们之中没有一个是书法的正路。这话很重，也是真话。但是，他们三位在宋朝那已经是最好的了，当时的中国人里面没有比他们写得再好了，当然，是就目前看到而论。

有人听到这里无法接受，我们泱泱大国怎么就只有那么几个人写字写得好？我们可以到博物馆，去书店，看看宋朝人留下来的字，你会惊讶得嘴都掉了。为什么？他们怎么写得这么差？王安石、范仲淹，贤相名臣，不过如此。你觉得不可思议了，但是，意识到这一点，也许你才能重新开始看书法，看中国字是种什么样的神奇存在，也许你才真正获得机会，走向这中国文化艺术的核心秘密：看书圣，很有用；看宋人不好的字，也有用。或者，这也可以说是一种"反向运动"，但无论如何，主体不变，依然是你，你怎么看，看到了什么，才是永远的关键。就此而言，米芾的苛评对我们是大有好处的，我们也应该感谢他。

回到东坡，《黄州寒食诗帖》。我们也可以学习一下如何评价，而且最好干净利落，简单直接，甚至粗暴。前年有朋友问，老师你讲《黄州寒食诗帖》一年半载，也是辛苦，如果请你用最简短的话来给个评价，你会怎么说？我想了十几秒，才给出答案，用东坡用过的两个字，萧瑟。

什么叫"萧瑟"？前面讲《黄州寒食诗》时提过"两月秋萧瑟"。我们说"萧"这个字有意思，比如陶渊明说的"环堵萧然"，家里什么都没有，简单清楚，不是一进屋子都是东西，墙上挂着名人字画，摆的都是红木、黄花梨家具。还有个"潇洒"。宋词里有个名句，我小时候读

宋　郭熙　早春图　158.3cm×108.1cm　台北「故宫博物院」藏

宋 米芾 云起楼图 150cm×78.8cm 美国弗利尔美术馆藏

书看到，记到现在："风物向秋潇洒。"萧字加了三点水，与"风萧萧兮易水寒"大有异趣。杜甫说"落日照大旗，马鸣风萧萧"，具体了一些，也好。我很注意这样的字，这样的用法。风找到水，合在一起，就是两个了不起的字了：风流。

东坡在黄州作了那首著名的词，说"大江东去，浪淘尽，千古风流人物"，尽人皆知。但"风流"这二字，认真讲的实在不多。这中间有大哲思在，风是风，流是水，风流，水也流，时光也流。人呢？历史呢？千古风流人物，伟大的英雄都像风一样吹过，都像水一样流过。千古风流留不住，你我匆匆皆过客。来了就来了，走了就走了，只好如此。而伟大的文艺作品，用东坡的话来讲，用《圣经》的话来讲，像风在水上，东坡说就是自然成"文"：文是自然的文，到达这个自然的境界就是伟大的文章、伟大的文学、伟大的艺术。书法、画，自然也是一样，实质都是个"文"。

《文心雕龙》讲理论，我认为"体大思精"是它最核心的东西，就是担心大家不再懂"文学"是什么，"文"是什么。后人评价东坡，有个著名的评论，也可说是攻击他的评论，说他才气太大，"以文入诗"，学韩愈的传统，到后来就大放厥词，以文作诗。这里说的"文"，不像

"诗"，这是讲文学里的著名问题，往下细分了。从这里着重的哲学来讲，就不能这样来谈：因为文比诗大了。

瑟，这个字也讲过。瑟是一种乐器；对于理解艺术来说，音乐很重要。有人认为，汉字书法是充满音乐性的艺术。西方人据说特别重视所谓的情绪变化、流动，它有内在的韵律和节奏，是高级的音乐形式。但更重要的是，"瑟"和另外一个字同音，就是生涩的"涩"。东坡的字可以说"涩"，不是像很多人喜欢的字一样，看起来很潇洒、流丽；流丽这个词比较古老了，现在更多说"流利"，侧重不同。比如，把东坡的字跟黄庭坚的放在一起，很容易认为黄庭坚的字更潇洒、流利、狂放，因为他的字是拉长的，撇很长、捺很长、竖很长。但是，潇洒就是这样吗？都是这样吗？所以有种字体，叫"老干部体"，不知道是谁发明的这名字，太有趣。这样的人写字，最高光处，就是期盼着来上很长的一笔，不这样来一下实难过瘾。以前人讲笑话，讽刺民国军阀虽不学无术，却也热爱书法艺术，更热爱展示传播。有卓越者最喜欢写一个字，"虎（虝）"。为什么？中国的草书里"虎"字中间是个长竖，这一笔，可以写得很长，如果你愿意，可以写上三米。怎么写？他捉墨笔而立，或坐，如山不动，让两端马弁拉纸而行，望笔而动，直到完成，史称"一笔虎"，简直可以申请世界文化遗产了。

一笑而过。

我们从萧瑟说到潇洒，实际上是把所谓的"诗"与"书法"联系起来讲了。具体问题在于：我们细细写诗、读诗，这和写字、书法，有什么关联呢？或者，能有什么帮助，什么好处？换言之，研习书法，能不能改变或影响我们读诗呢？能不能让我们从诗里看见更多的东西呢？注意到了这样的层面，我们再读诗、看字，就开始会有些不一样了，我们可以注意到更大一层的问题，可以思考整件的事情，思考"文艺"是什么了。

读诗、说文、看字，感谢东坡，用他一件《黄州寒食诗帖》打开我们许多思考的方向。我以前讲课，开过一个玩笑：诗无处不在。中国人的名字，尤其是传统中国人的名字，就是最具体的诗。请您想想：就像我们前面讨论过的，苏老泉给儿子起名字，他叫轼，字子瞻；你叫辙，字子由。起名是大事，他要不要考虑这个名字用的字怎么读？怎么写？是什么意思？而且，这些东西之间是什么关系？同时满足这些考虑，集中在一个名字上，这不就是"作诗"吗？名字起得漂亮，人家叫起来那么好听，看着都开心，

朝披夢澤雲笈鈞清淼尋

絲得雙鯉中内有三元章篆

字美丹地逸勢如飛翔邈家

閱天老奧義不可量金刀割青琴

靈文爛煌煌瑤胍十三環奮見仙

人房莫跨紫麟去海氣侵肌

宋 苏轼 李白上清宝鼎诗二首卷（局部） 34.5cm×106cm 日本大阪市立美术馆藏

169

对不对？当然，不是人人都能做到，名字的声音、字形、意思，没有一个不重要。所以，除了好爸爸、好妈妈，还需要好老师、好读者。所以，我们别忘了，一定先把"帖"这个字的发音读对啊。

米芾的名字就很值得一说。他原名黻，字元章。黻，元章，名与字关系密切，我们都知道了，就像关羽字云长。但米芾的名字对我们更重要，因为跟艺术密切相关的，都跟古代的花纹装饰相关。大家查查字典就知道。东坡有名的佚诗，《上清宝鼎诗》，据说不知道是李白做梦还是东坡做梦写的诗，说"梦见三元章"，不是梦见米芾，但是很有趣。米芾还叫"海岳"，书法史上，古人对书法有很多比喻，比作大海，比作高山，"海岳高深"，米芾应该也不反对这样的境界。唐朝有个大书法家，李邕，又叫李北海，跟东坡大有关系。后期的东坡，有人认为很受他的影响，黄庭坚对此有过论说。黄庭坚《跋苏轼黄州寒食诗》里说到的李西台，有专家说是李邕。错，这是专门闷头搞书法文献研究的人没事干瞎想出来的，可称无事生非的无聊演习。书法史上评李北海，最著名的说法是八个字："右军如龙，北海如象。"象，是大象。诸位请不要忘记赵松雪怎么评论东坡的，老熊啊，也是大东西。松雪的字，也极受北海影响，这是许多喜欢赵松雪、学赵松雪的人不大清楚的。李北海是个悲剧人物，下场很悲惨。杜甫很重视他，为他写过诗。

继续讲读人间日常之诗。名字。苏轼也生宝宝，也要像他父亲苏洵那样起名字。现在来讲东坡儿子的名字，看看大苏的另一种诗。东坡的儿子比他爸爸苏洵的儿子多，东坡最大的儿子，长子，叫苏迈，在黄州的时候就跟着他了，受了不少罪。东坡教他读书、写字，"迈"，迈步走，"而今迈步从头越"。人生再难，也得迈开大步朝前走，不能老趴着混吃等死，满地打滚。第二个儿子，次子，叫苏过。往前走，莫回头，有些东西，过去了就过去了，过往不恋。第三个儿子，叫苏迨。"迨"这个字有点偏，以前中学的语文书里是有的，不知现在如何。这字有意思，有点深刻，它的一个意思是"等待"，一个是"到达"。诸位请认真想一下，"人生如逆旅，我亦是行人"，在这人生的旅途中，有些路是不好走的，你以为你都是走在土地上，走在空间里吗？不，你还走在时间里。有时候"时机"不对，"时候"不到，你就走不下去，对不对？所以，你就得"等"。等，是"到"不可分割的一部分啊，亲爱的朋友。

东坡最后的小儿子，幼子，北方也叫"老儿子"，注意汉语，这宝宝又老又幼，叫苏遁。这个孩子让我们痛惜了。他的母亲，就是朝云——东坡在杭州喜欢的一个女孩，那时她16岁，后来为东坡妾，陪他飘零辗转，最后死在南方蛮荒之地。有人说她是位了不起的女性，各位以为如何？

朝云之名，也可以说来自白居易，东坡的崇拜对象。白诗名《花非花》：

> 花非花，雾非雾。夜半来，天明去。
> 来如春梦几多时，去似朝云无觅处。

只是这片云终归于东坡，未曾远飞。东坡说她是信佛的，这里不多说。云栖何处？她的墓在哪里？西湖之畔，孤山之东。杭州的朋友说没见过，请惠州的朋友告诉大家：我们也有西湖，有孤山。

苏遁是朝云所生，生在黄州。遁，就是逃。《封神演义》里有个土行孙，有种本领叫"地遁"，整天在地下钻来钻去，想娶漂亮的邓小姐。当然这种法术也是平常，我们生活中有的是。比如有朋友觉得我讲得还是不够出色，听不下去，就动身离去，号称上厕所，这种法术就叫"尿遁"，一样是遁。开个玩笑，朋友们想必早已发现，东坡四个儿子的名字里，都有个走之旁，都是个"走"。他真是个"行人"啊，虽然他没当个"行者"。这个走，当然不是不能坐车，但"登轼而望"的气度却不易得。

不过，我且把东坡四个孩子的名字拿来，谈学书法的道理。第一，你要开始。再好的东西，你再喜欢，不动手不行，空说不练，那叫假把式。其实，学书法、画画，做艺术，大家都知道入门最难，懂行最难。但这其实还是在后头的事情。在这之前，一定要解决那个第一位的问题，也是最大难题——开始。好的开始是成功的一半？不对，是全部。因为没有开始，就没有一切。

第二，要有经过。经过，就是过程。你要走，不断地走，要到很多地方，要看很多的风景。等到风景都看透，你就可以体悟细水长流，思考永垂不朽的艺术精神境界了。你还没达到，但是，你有可能开始思考，开始接近了。

第三，等到。等和到，能等才能到。你有了目标，你朝前走，你有了要到的地方，都好。但是，有时你要慢下来，甚至停下来，等某些东西。等，是为了让有的东西、别的东西，到来。让你的某些东西、某些可能性，到来。急不了，不能急。让自己等等自己，直到等到。

第四，离开。到达并不是终点，离去才是自由之真相。

当然，就中国艺术而言，遁这个字，我是理解成"逸"的。逸品，很重要，跟"神品"不同。逃走，我走了，不跟你们玩了，有人说这是我们中国艺术里的最高境界，逃跑的意境，因为要出世绝俗，不要人间烟火气。不过，我们也可以理解成离开那些所谓的艺术标准，法、度、律，等等。于是什么天下第一、第二、第三、跟我有什么关系呢？

对了，苏遁这个孩子在爸爸妈妈怀里夭折了。东坡说他们都在行旅中，朝云在船上哭得死去活来。我们现在想到，还是哀伤、痛惜。

读诗不易，书道艰难。但难到什么地步？例子来了。东坡当然很爱自己的孩子，他亲自教他们写字，但是苏迈、苏过的字都很差。现在条件是好了，以前实在不容易看到苏东坡之子的字。别说他们，东坡自己的字，能看到的也不多。就是20年左右的时间，时光如流水啊，带走多少，又带来多少东西。比如东坡，我们试想，他不想把书法的秘密全都传给自己的儿子吗？这种传授、传递、传播，不就是我们讲《黄州寒食诗》时讨论过的"惜"。想留住，让它别走，但是难，不可能。对中国人而言，大概没有比父子之间再能说明问题的了：东坡天才，想教教不了，传不了他的亲生儿子。古人有话，很是沧桑：父子不传！这，

174

就是艺术的秘密。

老舍小说里的武林高手沙先生，天下第一枪，给我们的最后一句话，就是个半夜里的"不传"两个字。他是不想传，不愿意传。他练枪法，应该不是为了惊艳世人。枪法、书法，都是法，都有法，只是你想传也未必传得了。这才是大无奈处，教育，不易；传承，不易。

但东坡好像也并不是太在乎。他愿自己的孩子"愚且鲁"，能"无灾无难到公卿"最好，书法，不是那么重要。严肃些说，东坡对书法，总体来讲是一种不大在意的态度。各位朋友听了，会不会觉得有几分遗憾？大可不必。人生在世，事情很多，重要的事情也可以很多。这个意思，请诸位稍想一想。面对东坡，不必称他为书法家可也。他当然很喜欢书法，却不像米芾、黄庭坚那么严肃、那么郑重地对待书法。这种不同，恰恰可以是谈论东坡书法时最重要的东西。而面对《黄州寒食诗帖》，我常觉得它是诗情、是画意、是书道，是这些并俱的东西，就在那里。

自我来黄州，已过三寒食。年年欲惜春，春去不容惜。今年又苦雨，两月秋萧瑟。卧闻海棠花，泥污燕支雪。闇中偷负去，夜半真有力。何殊病少年，病起须已白。

春江欲入户，雨势来不已。小屋如渔舟，濛濛水云里。空庖煮寒菜，破灶烧湿苇。那知是寒食，但见乌衔纸。君门深九重，坟墓在万里。也拟哭途穷，死灰吹不起。

右黄州寒食二首

近现代 黄宾虹 行书《黄州寒食诗》轴 尺寸不详 浙江省博物馆藏

文

文之为德也大矣，与天地并生者何哉？

—— 刘勰《文心雕龙·原道》

慢慢把它讲完。

东坡的诗，东坡的书法，还有呢？他的艺术人生，或艺术的人生。到这里，可能讲得也更理论一点了。东坡是千年以来的天才，也成就了中国文化艺术流光里的一位上佳样本，不说标本，我们可以认真仔细地对待他，有机会沾染他一点风流气韵。终是不可浪费等闲。

"理论"二字，听起来要吵架，我们在这里讨论东坡，是不是要跟他吵吵架，理论一番，问个清楚明白？以前学哲学，一定要谈谈古希腊，"言必称希腊"，但请活泼一点，别太死板。theory 这个词，跟古希腊有关系，它跟"看"有关。还有个词，theater，戏剧，长得也跟它有点像。说给大家听，也许也有意思。艺术，让人睁开了眼看，好像理论，叫人大了胆想，或者还能想到开了心，心开了，就大了。当然，年轻人现在要开脑，叫脑洞大开，可能是恐怖电影看多了。看、想，可能不是那么能够划清界限。说起来这么简单，不过，这是不是已经很"理论"了呢？

回到《黄州寒食诗帖》。这个"帖"字，跟书法相关，左边是"巾"，关乎织物。有纸之前，字是写在织品上的，古人也称为"帛"。在织物出现之前，人们会写在其他的介质上，比如说木头、竹子，写在石头上也未尝不可。

你写在别的东西上，写在哪里都是行的。《说文解字》解释"书"字："著于竹帛谓之书。"写在竹子片上，写在织物帛上，这就叫书。

我们看到，东坡写此帖，"但见乌衔纸"。纸这个字，他写成"帋"，下面是个"巾"字。当然，现在多写成"纸"，左边这个"纟"，丝，意义一样。

书是写字，当然它跟字也相关，因为它毕竟写的是字。这是很好玩的一个说法，但不是怪话：注意动静有别，注意各种媒介，还有技术。所以后来的书法史上有个说法，就是说你学写字，有很多的办法、路径。但如果简单来分，一种叫"帖学"，后来织物用得少了嘛，主要是写在纸上。还有一种叫"碑学"，大多是刻在石碑上的字。他们认为这两个东西很不一样。大家想想就知道，其实在古早的时候如何分辨不重要，书就是书，写就是写，书法就是书法，你写在哪里都是书法。但到后来，因为文化越来越繁荣昌盛，文化的繁荣昌盛有一个重要的标志，就是分得越来越清楚，好像这样大家就会越来越明白，越来越聪明似的。分得越来越清楚，现在叫专业化。分，这个字下面是一把刀，这刀可厉害，这是思想之刀、理论之刀，堪比潘金莲心里那一把。分就是分割，越分越多，也意味着分裂。古人说的"天下裂"的"裂"。用理论术语来说，分就叫"分析"，成了思想方法。为什么人要把一个东西分得越来越细，是因为想更清楚地认识这一个东西。可是，一旦人们把这一个东西分析得越来越清楚明白，这个东西的整体好像又会离我们越来越远了。这个问题，有很多种讨论的方式。比如，我们可以就此谈"大小"，也可以说"死活"等。

碑学、帖学之分，书法史上一般认为开始于清朝的阮元、包世臣等人。阮元他们这些人，一直到康有为，基本上都是所谓的碑学这一路。跟所谓的帖学这一种，尤其是所谓的从"二王"传统出来的书法要划清界限了。有人认为，这是他们在书法上的创造，有人说是复兴。他们觉得，中国人一千多年以来写得越来越差，挺没有意思的，没出几个有意思的人物。这种观点听起来很极端，但其实有它的道理。我们放眼中国书法史，如果从汉朝开始算，在两千多年里产生的中国传世的书法作品里，真正写得好的是非常少的。诸位请一定要注意这一点，我们能够看到的，写在纸上、绢上、布上的，所谓的帖学作品，当然也很少。说到这里，不用提醒大家也知道，这样来诊断，运用的"标准"是高的。但是，没有标准就无从诊断，所有的"标准"，都是一把刀，刀能分析、砍杀，也能自伤。老子说是"不

181

祥之器"。我们在这里讨论艺术问题，讲艺术理论，照样用得上。

这是讲大问题、大方面了。我们看书法、读诗，一首首、一件件，每一个字，都是具体而清楚的。但我们一旦花了功夫，用了心力，进去了一些，很多人就会发现并非如此：有许多东西，模糊起来了、遥远起来了，很多时候实在叫人心里发虚、没底，找不到北。所以大家要学理论、读书、学历史，等等。我们谈东坡，说诗论书，也逃不脱这样的情况。所以说得理论一些，是说我们得想着获取一个总体的思考和框架性的东西，找到一个基点、指南这样的东西。面对古人，当然也涉及历史观的问题，虽然历史要处理的东西并不只是过去。我们且简单说一下，点到为止。前面讲过，千万不要以为古人的字就写得好，不要以为古人的字写得比今人好很多。这话听起来很有文化，很热爱传统，但并不一定那么正确。这话的意思，是请大家自己来思考，来看的。

古人字写得好的也很少。原因很简单——难。如果把不同的历史时期拿来做比较，也相差很大。比方说唐朝人写字，跟宋朝人写字，差别是非常大的。或者说唐朝人里所谓的文化人，字可能写得都不错。宋朝人也知道这个问题，

散布人間十義蕩洛陽紙

貴過雲煙追思握管宣南日

浩劫驚灰芒餘年宋後千

年盡南帖更無一人師北

柏如先生雅屬　康有為

近現代　康有為　行書七言詩　174cm×93cm　私人藏

局事多暇
動履禔福去遠
議論之益忽三載之久跫然窬日迷
泊于吏職之冗固豈有樂意耶去受代
之期難幸荷眷遇而 替人寂然未聞亦旦
夕望之果能遂逃曠弛實自
賢者之力夏秋之交道出
府下因以致謝
左右庶竟萬一倏冀
順序珍重前即
召擢偶便專此
上問不宣 鞏 再拜
二十七日謹礄
運句 奉議無黨鄉賢

宋　曾巩　局事帖　29cm×38.2cm　私人藏

东坡也这么说，但是宋朝字写得好的人那简直就是太少太少了。为什么？大家就开始琢磨了，这里面有很多原因。专家认为有几个比较重要的原因，一是那个时代的科举考试改革了。怎么改革？以前的考试，你写的文章给主考官看，你是用笔写下来，批卷的主考官在看这个试卷的时候，直接看到你写的字。但是宋朝不是这样，宋朝改革了，怕作弊，怕有人认得你的字，从中做手脚。比如说我改的这个试卷，我认识你的字，这是我的学生，那我给你高分，这很麻烦。宋朝人变聪明了，在你把试卷写好交卷之后，在批卷之前加上一个程序，找些人先把你的试卷上的答案抄下来，然后再送到考试官那里给他们看。你看不到考生的笔迹，看不到他的书法，你就无法捣乱作弊。

欧阳修，天下文坛盟主，常主持考试。有次批卷的时候，觉得有个人写的文章非常好，很想给他第一名，但是他没敢。为什么？他怕这个人是他的学生，遭人非议。他的这个学生也是人物，曾巩，字子固，年龄比东坡大。其实这个文章不是曾子固写的，谁写的呢？东坡。我们说王安石厌恶东坡，但是他也不得不承认东坡很有才华，几百年才出一个这样的人。欧阳修当然更欣赏东坡，东坡也一辈子都把欧阳修看作自己的老师，受他影响很大。他们两人的关系可不是表面上的，是真的。就是说，有"传"，传承，才有"传统"。在文艺的思想上他受欧阳修影响非常大。这是一个原因，因为写字写得好对考试当官没什么大作用了，这些未来的官员精英文化人，就不再那么重视写字了。

还有一个原因，就是经过五代十国的大乱，斯文扫地，生灵涂炭，文化不行了。时代和人心都大为动荡，青山夕阳，在人的眼里都会不同起来。此外，还有一个不大不小的原因，现在理论家很喜欢谈印刷术、媒介理论啊、马歇尔·麦克卢汉。从宋朝开始，中国的印刷术技术慢慢发展起来了，手写字必然受到一定程度的影响，活字印刷术影响人们的生活，改变了历史，塑造起新的文化，催生出新的文化现实艺术产品，传统来说叫"作品"。

所以我们知道了，宋朝书法实在糟糕，连宋朝人自己也看不下去，自己也反思，为什么全国上下那么多年就没见几个能拿起笔来写字的。欧阳修这么说，东坡跟着说，到后来像宋徽宗这样"天下一人"的皇帝艺术家都低头承认了。到了南宋，宋高宗更痛定思痛，严厉批评。宋朝的书法衰弱到什么地步？给大家举个例子，宋徽宗在世的时候专门下了一个诏书，说官府里面的文件一定得让那些字写得不错的人来写，现在的涂鸦，委实让朕光火。这是我说的，不是原话。徽宗还专门颁布了诏书法令。但是，没有用。历史的大势，不是哪几个人能够改变或抗拒的。所以，如果大家盯着"书法"两个字不放，你很有可能会揪心痛惜的。

我们在美院工作、学习，西方的艺术理论、艺术史，还是比较普及一些。很多学院外的朋友、艺术爱好者，常对我们这些所谓艺术史家们感叹："我也上过很多讲解课，读过不少艺术书，可还是看不懂外国人的油画。"了解一下希腊神话故事倒是有趣。每到这种时候，我就想问这些朋友：如果说到懂这个事，中国画您看得懂吗？其实，无论是中国的画还是西方的画，无论是谁，能看懂画，都是很不容易的。就好像无论古今中外的人，想画好一幅画都不容易一样。至于是画难，还是看难？就更是个有趣的理论问题了。我想很认真地、真诚地，请各位琢磨一下这个艺术难题。比之数学，这是不是能成个哥德巴赫猜想？我们谈书法，谈东坡这样的人，很需要这样胡思乱想。

有些艺术研究者、专业爱好者，很不满意艺术史，不满意我们这些同行。他们觉得，传统艺术史家满嘴跑飞船，其实呢，他们也看不懂画，反正懂得不多。研究艺术作品，得用别的法子，要找别的路子。于是，一些叫"视觉文化""视觉研究"之类的东西就出现在学院里，扩散到世界各地。

视觉文化

虽然，现在也有点露出老态了。有一本小书很有名，要提一下，不是说它写得好，写得自然不够好，很粗糙。但"卖"得好，学院内外通吃。书名译得文绉绉，可能是中国台湾的朋友翻译的，叫《观看之道》（*Ways of Seeing*），一个叫约翰·伯格的外国同志写的。"观看之道"，即看的方法，看的道路。Ways 是复数，告诉我们路很多。人生道路千万条，可是早上起来呢？还是下床磨豆腐。这是老话，开个玩笑。看，是有办法的；看，是有路的；看，有看的道理。用老百姓的话来讲就是这里面有"道道"：至少有两条路。"大路朝天，各走半边"，也是两条路。其实世界上本没有路，后来世界上有太多的路。诗是路，书是路，画是路，它们各自之中尚自有路。

我们在这里谈东坡，谈点理论，其实是想要很专业地看。专业，就是很认真地看。如果发现不行，看不好，那就学起来。于是我们需要学习如何更好地学习，学习就是学习学习。绕口令似的。如果说学习总是需要一些理论的帮助或指导，那可以说学习是一条路，这条路上自然有风险，这条路需要建设。但这条路是有所指的，它会把你引向某个地方。这个地方很重要，而不像现在不少人老喜欢说的那样，"过程才重要"。过程很重要，但没有那个所指的

188

东西，过程在哪里？

约翰·伯格这书，译成《观看之道》，这个"道"，是大道，提醒我们思考大问题，提醒我们要找大路，虽然有时不得不走走小道。"康庄大道"，看起来都开心一些。东坡贬至黄州，专业治学，重拾"旧业"。我们前面说过，他对"忧患之书"、群经之首的《周易》花了功夫。"易者三义"，古人说简易、变易和不易，很有意思。"易"，本来就是简单。为什么简单？因为它大。我们现在看外面，漫天都是大问题，那就都不是大问题。我可以问诸位，我们讲书法，法在哪里？写字谁不会，但什么样子的写字才能称作书法？我们看书法的时候，看到了什么？我们在谈论书法的时候都在谈论什么？这些都是很有趣的问题，都在提醒我们，新的机会来了，时候到了，敢想，敢看，就在现在。

现在，将眼睛带过来的各位，请"开眼"，将眼睛打开，让我们重新看字，看书法。书法，不是让你在汉字里看见所谓的"美"，而是让你开眼——睁开你自己的眼睛，自己来看。不睁开眼则无一切，皆不在，都是假。现在，再请看《黄州寒食诗帖》吧，技术好了，我们看得那么清楚，真幸福，八个林语堂加起来也比不上。字、书法、东坡诗里每一个字，点画映带，一笔一画，都纤毫毕见。而更关键的，谈理论、传统，中国古典艺术精神，是"看"清楚，不是"字"清楚。这是个难题，来自西方的视觉文化研究理论研究者也很关心。

几年前，第一次讲东坡这帖时，我跟书法专业的硕士、博士讲了这个东西，我请他们来谈对苏、黄二人字的直观看法。真"看法"：看法，就是怎么看的，观看之道。遗憾的是，他们都不怎么说，可能是不敢说自己的真情实感，所见所思。你请他们说，说出来的话都是所谓的教科书上的话。他们不敢相信自己的眼睛。这就是"贵耳贱目"。从书上学到了什么，历史上是怎么说、怎么评价的，理论家怎么说，这都不难。但自己看，自己看到，才有意义。因为你自己在那里，无论是耳还是目，都是自己的。自己的耳目，不为自己干活服务，就是叛徒，是反贼啊。五官四体，同气一心，才能建设成一个整体，就是你自己。我们说艺术是"让人成为人"，你自己就是人，所以，从自己开始。

请开始看，大胆看吧。《黄州寒食诗帖》，再伟大，宇宙第三，也是人写的。比如，瘦一些，小一些。后面呢，有些字，笔画模糊，粘连在一起，黑乎乎的，笔画看不清了。

但看就看了，多么简单，为什么不敢说？视觉文化研究当时在学院的兴起，有个很重要的原因，就是有些人不满意传统的艺术史，对古人，对古人艺术的敬畏让人不敢说话了，这可不行。

你看黄庭坚的字，无论你说他的字是怎么样的，黄庭坚的字多是清清楚楚的。你会发现他很少有字的笔画是混在一起的，让你看不清。我请大家简单地想一下：大家学写字，上书法课，老师叫你们拿毛笔写字，如果这些笔画都混在一起，看不清楚一横一竖是怎么回事，会怎么样？按照以前的规矩，这是要打屁股的。我让你写字干吗？每一笔都要写清楚。

东坡的字为什么会这样写？只要你想要讲究，专家会告诉大家很多。比如说东坡他喜欢用浓墨，很黏、很稠的墨，而且又很黑。这样用墨来写字，如果不是"笔笔分明"，清清楚楚，那么有的字自然就会扭在一起，糊里糊涂起来，老师们就不会喜欢了。这并不难理解。但东坡自有说法：用浓墨，可以说是"古法"，以前的人就这么干，就像古书法家用硬毛笔，而不是后代主张的又软又长的毛笔，用那种很能化水的宣纸，生宣——很多人以为的中国书画的大特色。再者，他还有很漂亮的理论：这样的浓墨，要像小朋友的眼睛那样最好！小儿睛，请您想想，黑，又亮，你看到这样的眼睛，有何感觉？

"身无彩凤双飞翼，心有灵犀一点通。"这李义山的名诗，大家都听过。这"通"字，有意思。说到东坡的书法用墨，说到小儿忽闪忽闪的眼睛，就不由想到这句诗了。通，是感情连接在一起，心思走到一起，就理解了，会意了。如果你看到一双黯淡无光的大眼，无光，就是"无神"，大约会感觉看了也白看，跟没看一样。为什么？接不到东西，空的。从这个意思来讲，东坡的用墨里，有中国人谈艺术、书画常提到的神采问题。这是个具体的讨论，并非信口。

所以大家应该好好看自己的"看"，想想自己的感觉，敢于看才会敢于想，这大约是没错的。用眼看和用自己的思想来思考是密不可分的，这也是艺术的一个大问题。南朝有个文士，颜之推，他批评世人无知，四个字"贵耳贱目"：这里的耳目。当然都是自己的，找不到自己的，就只能从他人的耳目，人云亦云了。至少对艺术人来讲，这是绝无法接受的行为。但，人为什么多"贱目"？人不是整天睁俩大眼到处看吗？原来这个"看"并不容易，在艺术上，书画上，一样容易"睁眼瞎"。

颜之推这人挺重要，跟书法有关系。我们现在常说"见字如面"，前几十年，计算机输入没普及的时候，中国人还常说"字是门面"。这个意思，颜之推讲得比较明确："尺牍书疏，千里面目也。"他说这是当时江南的俗谚。这人是关心书法的，虽然在他的传世名作《颜氏家训》里，书法被归入"杂艺"。

我们在这里讲这个人，还有一个原因：颜之推，是颜真卿的先祖。

继续说说这个"看"。看，只是个说法，是个代表，并不全是眼的事情。"体会"二字可能更好：用自己本身和某个问题相遇，会其意，认识的主体就是全面完整的自我。"全面完整"就是个"一"，即"个体"的意思。讲《黄州寒食诗》一开头，我就注意"自我"二字，虽然有点过度联想的意思，不过也无妨，诗经得起你胡思乱想，东坡也不大会反对吧。

说到这里，就可以渐渐看清楚了：看什么东西，除了看到的这东西，我们还会看到自己。因为你这时跟这东西"相会"了，就是"在一起"了，于是不再分辨得那么清楚。看东坡，他的诗、他的书（法），也是在里面看自己，就像照镜子一样。

照镜子，是人类的一种普遍的思想感情和精神行为。唐太宗，这位大书法家，王羲之的超级崇拜者，也可能喜欢照镜子。他喜欢的大臣魏征，也留下著名的"以人为鉴"的千古格言。这个鉴，就是镜。唐太宗或称唐文皇，其实很"武"，重武力，两把定唐刀砍出大唐天下，却叫"文"皇。我们讲看书法、看艺术、看作品，用"看"字，有人总觉得不高大、不漂亮，或者有点"西化"。我偶然看到，有个课叫"美术鉴赏"，很好，一用"鉴"字，马上古雅起来。像唐太宗说"以人为鉴，以史为鉴"，无论是看人，还是看史，都是照镜子。镜子是做什么？是给自己看的，也可以照到别人，可以当聚光镜、探照灯。我读过一点奇怪的世界史，据说在亚历山大时代，有的物理学家高度重视透镜的用法，可以在一个海岛上造一个巨大无比的镜子挂着，聚光烧毁远处敌人的战舰。当然有人认为这是胡说八道，是吹牛的。这里我们讲到书法赏鉴，没有那么宏大，但也可以想想："鉴"是什么？东坡书法由小儿睛，成了光闪闪的镜子。"鉴"为什么？看，让你看自己。如果这面镜子很清楚，你就能看清楚你自己了。但谁把这镜子勤拂拭，好让你看清楚自己呢？还得是你自己。于是这个"鉴赏"也就不过是正衣冠而已。以铜为鉴，一面铜镜磨出来，

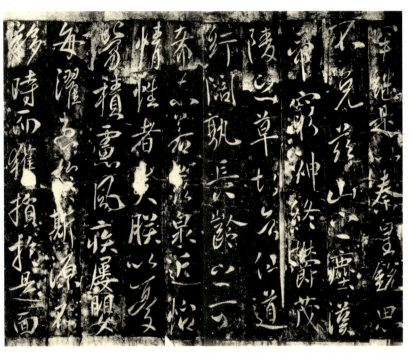

唐　李世民　温泉铭（局部）　尺寸不详　巴黎国立图书馆藏

多不容易。有个导演叫侯孝贤，拍过一部电影《聂隐娘》。聂隐娘，一个杀手，她后面找的一个男朋友是干吗的？磨镜少年。

鉴赏不易。镜子就不大好弄，何况还要搭上自己的双眼。从相信自己的眼睛开始，进而牵一眼而动全体，展开自己的思考，走近自己的"见地"，好像就有些深奥的感觉了。有点像《桃花源记》里的那个渔人。当然，他是从迷路开始的。

为了解决这个"迷路"的问题，可能需要再谈谈。东坡怎么看书法，或者可以给我们的思考一点帮助。

东坡对自己的书法，总体来讲是不太在乎。他年轻的时候很用功学习书法，花了很多时间，长大之后应该是变得越来越自由开放，不是那么在意了。黄庭坚对他这位天才老师的书法学习相当关注，发过不少评论。我们从他的《跋苏轼黄州寒食诗》里可以看出，也许他是太在意了一点。黄庭坚这个人有个好处，说话很实在，所以清朝有个书法理论家叫冯班，他就说宋朝的书法家里面，谈书法理论的人，黄庭坚讲得最好，他的每一句话都说得非常真切，堪称笃论。米芾呢，就喜欢胡说八道，他只管自己说个快活，有时就不大负责任。古人有时候会怎么说米芾呢？四个字，叫"英雄欺人"。他看不起人，跟人胡说八道。的确，米芾的话很多是不能相信的。为什么？除了这个人性格放诞不拘束之外，还有个很重要的原因：他是收藏家和鉴赏家。这样的人的话是不能尽信的，因为涉及巨大的经济利益。他跟东坡很不一样。说到"鉴赏"，收藏是不能不提的，诸位可以注意一下。

黄庭坚说东坡写字，他认识东坡很晚了，当然还是听别人说的，说东坡小时候每天都写《兰亭序》。我相信这话是有可能的，但是这肯定是东坡相当年轻的时候。东坡整天就只写《兰亭序》吗？也未必，宋朝人的确很痴迷《兰亭序》，像歌里唱的"像疯了一样"。但东坡是喜欢写字的，应该不假。宋朝人在笔记里说，苏轼年龄大之后还是这样，你把纸放在那里，他就在那里给你不停地写，写了就随便送人。但是总体来讲，如果我们拿现在所谓"专业书法家"的标准来看，我认为他对书法是不大在乎的。至少，跟宋朝其他三个大书法家，蔡襄、黄庭坚、米芾，都不一样。

爱写字，可以是一种天性，就是很喜欢写字，要不然他怎么能写得这么好，对不对？这里面有天分、天赋、天才、天性的问题。他爸爸苏老泉的字写得就不好，当然，

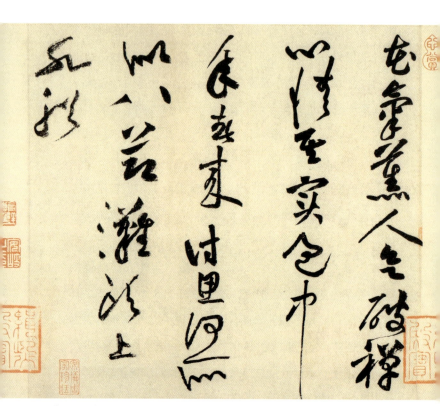

宋　黄庭坚　花气薰人帖　30cm×43.2cm　台北"故宫博物院"藏

是跟东坡比较。他弟弟苏辙写得也不好，还比不上他们的爸爸。当然，他们兄弟俩的感情好极了，真可说"友于兄弟，同气连枝"。

无论是谈东坡书法，还是看东坡书法，黄庭坚这人都很重要。东坡去世后，这《黄州寒食诗帖》能落到庭坚眼前，还能让他作跋，还能流传至今，实在不能不说是件可爱可惊之事。而黄庭坚的重要，在这里，尤其在于他的书法观点与东坡的关系。我们且从黄庭坚一件著名的传世书法说起，《花气薰人帖》：

> 花气薰人欲破禅，心情其实过中年。
> 春来诗思何所似，八节滩头上水船。

这是庭坚中年时的作品，现存台北"故宫博物院"，号称"镇馆之宝"，其实不是他特别出色的作品。但《花气薰人帖》相当重要，因为我们可以拿它来说他的书法思想，这一帖也与东坡关系不浅。"春来诗思何所似，八节滩头上水船"，这个比喻有名，也有意思。当然，他是谈诗，我们却一样可以拿来说书法。

黄庭坚是个实在人，写诗、写字都很用功，也学禅。

他一辈子都琢磨一件事情：怎么把字写好？他被贬到大西南去当官，见了年纪大的船工划桨，就在船头上看船工怎么划船，怎么放桨，觉得自己终于知道怎么写草书了，在书法上悟了。这是书法史上著名的故事，但是研究过东坡的人知道，东坡是不大喜欢这类说法的。为什么？用最简单的话来讲，就是太刻意了。书法要有意，要懂大意，但是不能太"刻意"，刻意就死了。说起"刻"这个字，我们前面谈过蔡襄的"勒"，想想"刻薄""刻板""刻舟求剑"等。"勒"就是刻，刻就是板，板就是呆、死。黄庭坚评米字，说他是"风樯阵马"，也就是动而不死板。但黄庭坚是"刻意"了一些，虽然他的字那么"长枪大戟"，跌宕起伏，他太想把字写得好了。

东坡不是这样。东坡 20 多岁时就写诗，谈他对书法的理解，当然是跟他亲爱的弟弟一起讨论，留下了著名的论书诗。他最好的书法思想得以传世，比如经常挂在研究者嘴上的"我书意造本无法，点画信手烦推求"。我重视的却是另外一句："吾虽不善书，晓书莫如我。"我不善于写字，但是谈到书的道理，没有人比我更明白。这话，很值得现在的学院派和文化人重视。

"晓书"，就是我懂书法，我晓得。做理论研究，有时候需要咬文嚼字：什么叫晓得？晓就是天亮了，像天亮一样有光、能看见了，就叫晓得，打开天窗才说得出亮话。北方人说"我知道了"，南方人讲"晓得了"，这里面有古义。知道是什么？知道就是知了道理。就如前面讲的，照镜子了，鉴赏了，看见了，跟道理见面了，会意了，就是晓得了。如果说看人，就是看清了，认识了，知人知面，外加"知心"。中国的语言文字，天生就跟思想是在一起的。换句话来讲，思想就在语文里。我们谈书法、看书法，不能忘记这点。

"苟能通其意"，假使你能懂得大意。"意"这个字，真是个大字。有很多解释。通了意，就是达意，到了这个地步、境界，你可以说懂得这个道理了。这当然不易，所以是大的道理。"常谓不学可"，那么，书法是不需要学的。这是高级的话，说的是大的道理。当然，这话也是真话，非常实在。但真话往往又是很难让人相信的，对吗？有人经常说这后半段，说这个"不学可"，错了，因为前面还有一句"通其意"。问题是你怎么能够通其意呢？要懂得书法的道理和文艺的道理，怎么能通，怎么达，怎么四通八达，无往不适？你得有感，你得有意，你得有法，你得有道。一句话：你得学。这个学，是实学。实学里面自然包含着练习、实战。所以学习的重点并不是我们所说的专门意义

宋　蔡襄　入春帖　30cm×41.1cm　故宮博物院藏

上的书法学习。讲到这里，这一点，相信诸位已经有所感觉。

蔡襄，东坡说他是当朝第一，黄庭坚很不满意，他说我的老师东坡才是写得最好的。我们看别人对艺术家的评论，可不能只是一听了之，我们要认真地思考他为什么要这么说？思考这个问题能帮你找到自己。到明朝，大书法家董其昌发表了评论，他认为宋朝的书法家里面，米芾是"毕竟"第一，比东坡他们厉害。当他这样说的时候，诸位就可以开始琢磨，因为这董其昌是高手啊，他为什么这么说，他考虑的是什么，他的看法跟黄庭坚不是一个路子？董其昌这里重视的，更多的是米芾的书法本身。换句话来讲，就书法学习而言，米芾的书法是更值得学的，而东坡的字不可学。注意不可学的意思，可不是说它不好，不可学跟不好是两码事，而是说从写字本身来讲，从米芾那里能学到更多的东西，比如说技术，而东坡的字不是这样，这一点大家一定要注意。艺术史上涉及这个问题时，讲到元朝的大画家倪瓒，古人就评价云林不可学，很多人就没仔细看这个问题，什么叫"不可学"？

简单说，可以有以下几个意思：第一个，倪瓒太难学了，没法学；第二个，不值得学，没有价值；第三个意思，就是上文所提及的重点，虽然写字和画画可以学习别人，但是对于东坡的字或倪云林的画，不管你是否具备辨别它们艺术价值好坏的能力，他们的书、画都无法靠一般意义上所谓的书画训练而达到。简单来讲，东坡的字跟别的书法家很不一样。用一个粗暴的回答，就是东坡对他的字很不在意，尤其是他中年成熟期之后。而他的不在意，又或是从他人生很重要的一个关头，即黄州时期开始的，并且之后越来越不在意。回到东坡对他一生的总结："问汝平生功业，黄州惠州儋州。"黄州在这三个州中排名第一，这是他人生的转折点和他成熟的里程碑。"中年变法"，意义就在于此。

书法界仿佛多认为，《黄州寒食诗帖》是东坡在黄州时期或距黄州时期不远的时候写的，但在我看来，这首诗及字的风格呈现，更像是他离开黄州后又过了一段时间再写的。以字的风格来看，这里可以将东坡之后到杭州所留下的作品与《黄州寒食诗帖》比较，《黄州寒食诗帖》的字要更老到，说明东坡写于黄州时期之后，而不可能写在当时。这样的判断，是建立在我30年关心书法与其他的基础上。

此外，严格来讲《黄州寒食诗帖》不一定是草稿，它应该是东坡的一幅作品，或是写来送人的。宋朝人常说他

归去来兮辞

余家贫耕植不足以自给幼稚
盈室缾无储粟生生所资未见
其术亲故多勸余為長吏脱
然有懷求之靡途會有四方之
事諸侯以惠愛為德家叔以余
貧苦遂見用為小邑于時風波
未静心憚遠役彭澤去家百
里公田之利足以為酒故便求之
及少日眷然有歸歟之情何則
質性自然非矯勵所得飢凍
雖切違己交病常從人事皆
口腹自役於是悵然慷慨深愧
平生之志猶望一稔當歛裳宵
逝尋程氏妹喪于武昌情在駿
奔自免去職仲秋至冬在官
八十餘日因事順心命篇曰歸

宋　苏轼　归去来兮辞卷（局部）　32cm×181.8cm　台北“故宫博物院”藏

喜欢写字送人。只是我们现在无法看到它的全貌，因为这件作品不一定是完整的，可能是被裁过的。这样的事情，在中国书画史上很常见，因此我们看古代书画时，会发现许多莫名其妙的题跋混在一起，蒙太奇感油然而生。当然东坡自己也没有明确提到这件事。谈到东坡送字，他若要高规格地送字，是喜欢写陶渊明的。这是有案可查的，比如他不止一次地写过《归去来兮辞》，当然这也跟他的受苦经历和文艺观念有关。我们也知道，东坡的老师欧阳修对陶渊明这篇文章推崇备至："两晋无文章，幸独有《归去来辞》一篇耳。"东坡是很同意的。

回到东坡的"通其意"与"不学可"，他的不在意。一个人学一个东西，千锤百炼、费尽功夫、万水千山踏破铁鞋，往往到最后，他的成就却不如一个不在意的人。人在江湖为什么能够潇洒自如？答案很简单，只有三个字：不在乎。这歌唱得很正确。

回到写字来看，写字写得黑乎乎的，看不清楚，这没有关系，因为并没影响阅读体验，也没影响观者的感情投入，更没有影响写字的人，也就是这位书法家的"心意"呀！有人认为写得不清楚的字是病笔，而有的人评价这样的字放达潇洒，不拘形迹。但是对于大多数写字的人来说，如果要完成一件认真的艺术"作品",他们还真是不大敢这样写的。要说风格,这可能说只是风格上的不够华丽。华丽难,不在乎华丽岂不是同样难,或者更难?

谈到"华丽",是因为关涉到我们看艺术时无法回避的词语:美。中国的书法,不是不谈美,而是谈得少。美重要,但不是历代书家追求的核心。问题是:美是什么,又如何晓得?华丽很好,因为关乎"华美",这个问题,老百姓也懂,看着舒服。但"高华大美"呢?就不好办了。高、大,不是靠测量就能获得的感觉,要体会"纸上得来终觉浅,绝知此事要躬行"。这诗句也是谈诗的,我们还是拿来说书法。因为在这个"觉"与"行"之中,同样包含着我们前面说的"通"与"学",这里的意,是通的。

如果一定要问一个说法,用最简单的话来概括东坡这书帖的风格,我愿意用他的诗,称之为"萧瑟"。只有那种不在乎的人,才能写出这样的字。如果一个人写字每一笔都讲究所谓的法度,他就不可能写出《黄州寒食诗帖》上的字。这也涉及观念跟艺术创作之间的关系。所以当同时代有人批评东坡的字不合法度、不规矩,黄庭坚就说这些人不懂得法度,批评他们只知道小法度,不知道大法度。东坡关心的是"大意",更大的事情,他不执拗于这种所谓的"小节",因此普通人眼中写坏的笔画，对他而言并不需要在意。

当然，东坡的不在意还有另外一层意思。之前我提到作为收藏家的米芾，见到人家一幅优秀的书法作品，就千般万般地缠着人家要买，你不卖给他他就撒泼耍赖，满地乱滚地缠着你闹，甚至以自杀相威胁，大家都知道他的风流故事，可以看出他的占有欲很强。但东坡不是这样，东坡写过一篇很著名的文章给他的朋友——大收藏家、驸马王诜，意思是说你喜欢收藏东西，有很多收藏，但你要知道这些东西可能都是对人有害的。你可以拥有，但是你不要太留意，你不要整天老把自己的心思都放在这些东西上。说得王先生有点不悦，认为这篇文章写得不吉利，要求东坡重写。东坡认为自己说了真话，何必再写呢。

东坡以为，沉迷艺术作品是不对的。所以他后来留下一个非常有名的词，一个所有的大收藏家都很注意的词："云烟过眼。"看到一件好的作品之后，古人喜欢题跋：某年月日，我看到了多么精彩的景致，跟我一起看的同游者有谁，曰恕己、曰奉壹，等等。像柳宗元这样纪游。虽然并不一定是"游乐"，有些人就念念不忘，不能释怀。东坡留下四字真言，作为对收藏家的一个针砭，一个提醒。

余尚幼年，愚移清颍，道至许昌尚迷小阻，苗西湖之别馆去戟，一月常与樺瓠园，此东仁泛舟啣纪使之。顿尝老园流离之，恨此韩公德性温厚风度高维困已，可妻范公虽老而，精神不衰议论

宋　王诜　自书诗卷（局部）　31.3cm×271.9cm　故宫博物院藏

当然，这个词对山水画家也很重要，连外国人都知道了。比如，著名的艺术哲学家与革命者瓦尔特·本雅明，20 世纪 30 年代在巴黎看中国的艺术作品展，当时参展的好像有潘天寿、吴昌硕的作品，他看完之后写了一篇文章，也提到了这个意思——"烟云供养"。

请注意这四个字，烟云供养。这种山水，这种画，它可以干吗？它是可以养人的。一方面说要把这些好东西都当成云烟过眼，另一方面是说画里的四时阴晴晦明变化，这些东西，是可以养人的。但怎么养？靠什么来养呢？是什么在养人？在养什么样的人？是如烟云一样的道理，通理入道的人才可能被"养"吗？我们可以说，任何一派思想哲学都会谈"道"，这里的"道"是一个大的名词，并不特指所谓的道家或者其他的思想流派。但不懂些道理，何谈养分，何谈滋养？我们如今说的"艺术"，也脱不了这个道理。苏轼这些宋朝士大夫、知识分子在谈艺的时候，想得是有些大的。士夫画家、大画家，像李龙眠、米芾这样的人，他们与那些学院画家、宫廷画家、工匠画家的区别就在这个地方。所以后来董其昌谈到这个问题，说士人画画是不宜画工笔的，因为会很伤害其性命，就是说，不能"养"他，而只是害他。道理也就在这个地方。"烟

宋　王诜　东坡赤壁图　24.8cm×28.1cm　美国弗利尔美术馆藏

云供养"，在这里，谈的是东坡的书法，他的"通其意"，他的"不在乎"。

顺便一提，宋朝的书法总体水平很不好，诸位如果没有直观的印象，现在条件好了，找个博物馆看看，或者找个好的书法集就可以解决。比如刚才提及的驸马都尉王诜，他写的字简直就是一塌糊涂，而且错字惊人。当然他的字现在也是珍贵的文物了，但是要厘清的是，其重要性是在于其史料文献价值，而不是我们现在说的艺术价值。

大问题讲了一些。如果刚才讲东坡说他"不在意"，是说他不在意小的东西，那么什么叫"在意"，什么叫"在乎"？简单讲，在这里又不在这里，就是不在乎。他似乎在这里看字，但早就不知道想到哪里去了，这就叫不在意。"醉翁之意不在酒，在乎山水之间也"，不在此意，在彼意，志不在此。"问余何事栖碧山，笑而不答心自闲"，请问"心自闲"在哪里？"采菊东篱下，悠然见南山。问君何能尔，心远地自偏"，最后，陶渊明说得最好："此中有真意，欲辨已忘言。"讲到这里，如果用两个字来总结，我们讲"会意"，只不过是在讲陶渊明所说的这个"真意"而已。

讲到这里，语言的界限慢慢变得明朗起来了。而这对于我们学习艺术非常重要，有根本性的意义。就在这个时候，要能让语言沉默，或者说，可以一窥语言的沉默。"我欲无言"，正是在这个时候，我们常说的艺术开始了，艺术开始显现了。这自然不是说语言没有用，语言极有用。我们谈这么多，正是从读诗开始。有人很可能会问，为什么不面对书法本身呢？不过，书法本身在哪里？我们这里做的，恰恰是从语言文字开始，从作为语言艺术作品的诗，慢慢地进入人的思想、观念、情意的世界，尤其是东坡这样的大知识分子、文人、士士夫的内心世界，因为或许只有这样，才能找到通向书法"本身"的道路。这是否也是约翰·伯格所说的"ways of seeing"，即"看的道路"呢？这路，是康庄大道，还是九曲羊肠？

东坡这样的大文人，常被称为"士大夫"。什么叫大？有大有小，就像我们可以说士大夫是儒家的知识分子，儒家还分很多种，有大儒、小儒，有君子儒，有小人儒。什么叫大？大就是关心大事的人，小人物就是只想着小事的人。而大事小情，关乎一个人的"意"的大小所在。所以士夫处世，要关心大问题，要大节不亏。这里就又要讲到黄庭坚了。黄庭坚写字总是怕写不好，他最怕的就是俗。有人刁难他，问他什么叫俗。这问题难答，他的回答也很好，也实在。他说一个人俗不俗，平时是看不出来的，只有在遇大事的时候才能看出来。《史记》里说："大行不顾细谨，大礼不辞小让。"唐太宗说："疾风知劲草，板荡识诚臣。"都能让我们思考。

东坡受过很多罪，黄庭坚也一样。东坡被发配到黄州，黄庭坚也受连累，也是一辈子颠沛流离，时人称苏轼这一拨同志为"蜀党"。说到这里，想起一个黄庭坚的故事，很动人。他被流放到宜州，这是一个很偏远的地方。宋朝人对待文人并不是像我们所想的那样，都那么好。他在那里连居所都没有，住在一个破城楼上，有的时候还住在破庙里面。别人觉得他过得真艰难，他却觉得无所谓。有一个非常动人的细节。下雨的时候，他就坐在那个破地方，把脚伸出去淋雨，说这生活真是好呀。有人说这是风度，名士风度，其实，这是一个大人物的自然风采。有人觉得他读了一辈子书，学问这么大，却颠沛流离，受了那么多罪，实在是太不划算。黄庭坚说，我小时候就是一个穷人，什么罪都受过，现在当官了，大不了就是跟我以前做农民、做穷人的时候一样，没什么好怕的。他讲得简单、实在，也有力量。对生活，庭坚与其老师东坡都是不大在乎的，但是在书法上，黄山谷很在乎。

前面讲了黄庭坚对东坡的评论，讲了米芾对东坡的评论，甚至讲了后代人比如董其昌对东坡的评论，都是为了帮助大家理解东坡，理解他的书法，乃至于理解他这个人。东坡其人其书，不是纠缠在一起，它们就是同一个东西。所以从中国"书如其人"的古老、复杂的传统来看，不了解这个人，怎么看他生产的艺术作品呢？我用"生产"这个词是其原始的意义，也是非常有哲学意义的，就是生小孩。作品是从哪里来的。生出来的，从母亲那里生出来，作品是作家"生"出来的。作家这二字，是指很了不起的艺术工作者，古人也称"作手"，并非只指文学工作者。

说到艺术生产，不由想起一个古典笑话。有个秀才写文章，死活写不出来，抓耳挠腮，非常愁苦。妻子看到说："写个文章有这么难吗，知识分子不就是写文章为生的吗？我们女人生孩子也没见这么难啊！"秀才生气道："头发长见识短！你们女人生孩子有什么了不起，你肚子里有宝宝，当然一下子就生出来了。我肚子里什么也没有，怎么生得出文章？"这笑话其实是实在的，非常有道理。但请记住，我们这里关注的是艺术问题。母亲永远是伟大的，无论是"生产"宝宝，还是"生产"艺术作品。

"书如其人"这四个字太重要了，如果你要研究中国书法，肯定得碰到。但它到底是什么意思？这里我们就可以回答了：就像生宝宝。只要是亲生的宝宝，长得就会跟爹妈有点像。何况是自己写的字，自己亲生的字呢？

谈到在意与不在意，还有一个字可以说，"释"。东坡说过这个字。何为"释"？"释"就是"放"。"解释"就是"解放"，把意思解释清楚，就是将意思解放，那么字也许就一起解放，得以解脱。佛教又被称为"释家"，也很巧。要放，要自由，不能关起来。"小舟从此逝，江海寄余生"也是一个释，释然。于书法而言，释意、释形，都很关键。也不易。

再谈"大小"。苏辙晚年在东坡逝世后，写过一篇著名的文章评价他的哥哥。说我兄当过30多年官，中途有几年守孝，但没有辞过官。大家知道，东坡被贬到黄州之后，陷入对陶渊明的迷恋。他的老师欧阳修也一样，总想着辞官归隐，觉得一个人最厉害、最成功的的事，就是能做到辞官归隐。但谁能做到？所以很多人不理解东坡，你这么羡慕陶渊明，你这么有本事，这么有才华，你这么被人迫害受罪，为什么不回家？刀枪入库，马放南山，岂不亦是极好的？这里就很值得一说了。东坡的骨子里还真是挺复杂的，或者说，东西多了，好像也就有矛盾了。"一肚子不合时宜"。宋朝名人，像范仲淹这样的人，了不起，"浊酒一杯家万里，燕然未勒归无计。""明月楼高休独倚，酒入愁肠，化作相思泪。"要打仗能打仗，要写诗能写诗，写得哀怨缠绵没关系。修养好、学问大、感情丰厚、功业有成。"大"是什么？"是进亦忧，退亦忧。然则何时而乐耶？""不以物喜，不以己悲，居庙堂之高则忧其民，处江湖之远则忧其君。"与家国相比，文艺永远次之，这是一种大小之辨。

秦观，苏门的学士，著名的文学家，很尊重东坡。东坡最后一首词，有人说就是和他的。据说他有时候对黄庭坚有点不满，认为黄庭坚时有放肆，对苏轼不够尊敬。其实山谷已经非常尊敬东坡了。黄庭坚晚年的时候，家里面挂着东坡的像，每天早上起来给他上香鞠躬。秦观也写严肃的文章论老师东坡。他认为东坡最重要的是钻研大道，治性命之学。注意这个词，"性命"。他说我的老师在这个地方下功夫，拿现代话来讲，我的老师是个大学问家，是哲学家。

东坡到黄州之后有个重大的变化，除了更关心艺术，更关心画画、写字之外，还有重要的一点，他开始重新认真地研究学问，开始重新读他爸爸年轻时候教他的那些书。

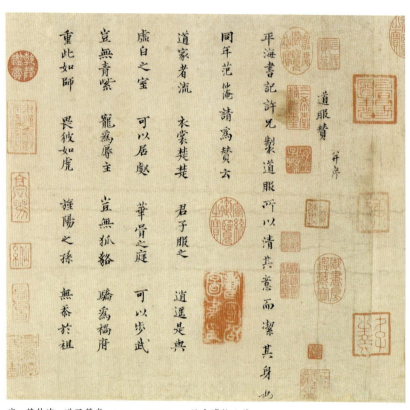

重此如師　　畏彼如虎　　莛陽之孫　　無忝於祖

豈無青紫　　寵為辱主　　豈無狐貉　　驕為禍府

虛白之室　　可以居處　　華胥之庭　　可以步武

道家者流　　衣裳楚楚　　君子服之　　道遺是與

同年范仲淹　請寫賛云

平海書記許兄製道服所以清其意而潔其身也

道服賛 并序

宋　范仲淹　道服賛卷　34.8cm×47.9cm　故宮博物院藏

有三本书很重要，第一本《周易》，第二本《尚书》，第三本《论语》，这叫"苏氏三书"。他注解的这三本书都非常重要，花了很多工夫，但有的部分丢失了。他想入道，他想懂道理，入道并不只是说他想炼丹，想养好身体，他当然也会关心这些问题，但炼丹和修仙养性这些东西，只是他自我提升、自我学习中的一部分而已，并不是说东坡真的就去当神仙了。他当了吗？没有。他临终之际，僧人好友劝他，说东坡啊你快要走了，不要害怕，要想想西天世界啊。死是大事，千万别走错了最后一步，入了恶道轮回，那可不得了。他们这么引导东坡，东坡怎么说？东坡说我不能那样。因为我一在意，那就不对了。我明明不是这样想的，和尚你不能那样想啊。这个事很有名，很有意思，大家可以去找来看一下。能够看出来东坡这个人的修养功夫是认真的，作不得假。东坡的原话是"著力不得"，这个"著力"，令人想起人们说的刻意，在乎。

东坡毕竟是一位严肃的学者，但这个人自然、率真。什么叫率真？讲到艺术，他的观念、他的修养，到这个层面上，他没有说我从小学王羲之，王羲之那么厉害，尽善尽美，我就要像他那样写。不是的，我有我道，所以东坡说，我写字不践古人，有时候想想，也是一件快乐的事情。

什么叫不践古人？拿现代话来讲，我不学古人，不走寻常路，做自己。这是关乎我性命的大事，诸位，这是不是人生在世真正的事业？换句话来讲，秦观认为他的老师是"穷达性命"的大思想家，但也不妨东坡是一位真正的士大夫，这两者并不矛盾。这里说的"穷"是穷尽之意，就是研究探索到了头，见了"本源"。穷达，就是前面我们讲的一个字"通"。这里的重点，是说东坡得了性命的真学问、大道理。

当然，有人认为这里有矛盾。孔子一定要让他的学生入世当官吗？也不一定。天下有道，你可以入世；天下无道，你可以归隐。但是从总体上来讲，他们还是主张入世修养的，而且这个说法并不只是儒家独有，其中还有道理。比方说我们讲到《易经》中最著名的一句话："天行健，君子以自强不息。"尤其是男性，看到这句话很受震撼，因为它说天是阳，跟下面的大地相对地形成整体。大家想想什么叫"大小"？什么叫文艺跟道的关系？什么叫通达性情的道理？做出人生的选择，找到自己人生的道路，并且坚持到底，这条路很难走。但是对于一个有如此修养的人来讲，自然也不乏乐趣。苦难之中有快乐，这是生活的复杂和深刻，也是它最平常的地方。林语堂为东坡作传，名满天下，他称东坡为"快乐的天才"，是有道理的。也许林语堂是受了尼采这位哲人的影响，尼采曾作《快乐的科学》一书。任何一个认真生活的人，肯定都有能力做到苦中作乐。英文里面讲寻欢作乐叫 make fun，你得自己生产、制造快乐，对不对？其实连爱情，也是要你自己来生产、制造的。你要从生活里面发掘提炼，找到让你开心的事，就比如是罗丹说的，不能缺少从生活中"发现美的眼睛"。这，就是人生的真实修行，或者说，真才实学。

又说到"美"。这个字实在太大，逃不掉。日常生活中，一说到写字、书法，老有人说这个字好不好看，漂不漂亮。美、漂亮、好看，着眼点不同，层次不一，但差不多一样不好谈得明白。现在就说一点：好看和不好看，是什么意思？其实，我们可以这样讲，所谓的好看，其实说它有东西可看，它值得看。这个道理跟看诗、看文章是一样的，如果里面没东西，你说有什么好看的？你在那里琢磨什么呢？喜欢书法的人，能拿着看半天，看多少年，读你千遍也不厌倦。那么这里面的东西是什么？前面做了很多铺垫，下面就可以继续再看一下别人对东坡的批评，可能就会更加明白一些。"批评"这里用的是理论意义，有的是正面的评论，有的是反面的，说"不好"的。

先说米芾。他对东坡是很尊敬的。东坡在黄州时，他来看望，当时他还是一个小伙子。东坡去世时，米芾给他写过挽联，写得很好，很有感情、有道理。米芾说东坡这个人，他的道像韩子，他的文可以跟欧阳修并驾齐驱。韩子是谁？文起八代之衰的韩昌黎韩愈，唐宋八大家之首。其实东坡非常重视韩愈，韩愈并不只是个文章家，还是一个儒家的斗士。我们也知道，他有个小辈，叫韩湘子，很厉害，不愿意当人，就去成仙了。韩湘子对韩愈说，您受这么多罪，人间有什么好留恋的？跟我去修仙吧。老韩被贬到岭南的蛮荒之地，走到秦岭这个地方，大雪失路，眼看着要冻死。韩湘子从天而降，来引导他。这应该是实事，因为韩愈留下了一首名诗纪念：

> 一封朝奏九重天，夕贬潮州路八千。
>
> 欲为圣明除弊事，肯将衰朽惜残年！
>
> 云横秦岭家何在？雪拥蓝关马不前。
>
> 知汝远来应有意，好收吾骨瘴江边。

这首诗，名为《左迁至蓝关示侄孙湘》，就是写给他的神仙侄孙韩湘子的。

但韩愈没去当神仙，他选择了留在人间。按照道家的说法，韩愈贪恋世俗，不愿意离开俗世。但从另外一边来看，从东坡这边来看，并非如此。韩愈其实是要守儒家的正路，他的文章《师说》也是这样的意思。在道德学问方面，米芾认为东坡是韩愈的路子。

　　在文章、文学这个方面，老米说东坡像欧阳修。称米芾为"老米"，不是开玩笑，他有个儿子叫小老虎，"小米"，他就成"老米"了。米芾是懂东坡此人的，虽然米芾更是一个"专业"的书法家。董其昌就说，米老毕竟高出东坡之上。但老米也并非全然用一个书家就可以涵盖。米芾对道理的大小，也是知道的。米芾画画，即所谓的米家山水、米点山水，这是他在艺术史上著名的成就，也影响了后代很多，谈"文人画"，怎么能不谈他，不谈他的"墨戏"？戏这个字，是要讲讲"理论"，讲"戏剧"的。theory, theater 这样的外国字，您还记得吗？

　　米芾论书法，认为写字不应该追求写得好不好，不要论工拙。为什么？他说这只不过是一个"戏"而已，写字画画，都不过"墨戏"一样。米芾，所谓的大艺术家，也是懂的。只不过在追求书道和画道的道路上，每个人不一样。这条路不容易走，道阻且长。

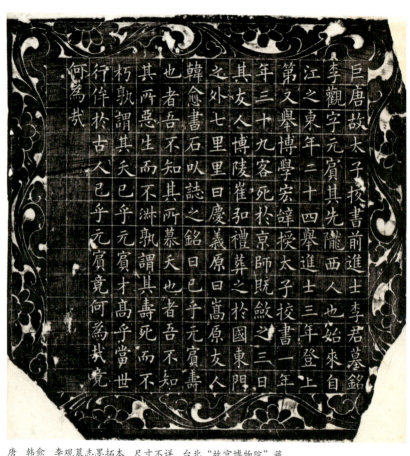

唐　韩愈　李观墓志墨拓本　尺寸不详　台北"故宫博物院"藏

之垂乎不朽者顧其道如何尓不託於

事物而傳也顏子窮卧陋巷亦何施於

事物耶而名光後世物莫堅於金石

蓋有時而獘也

治平元年閏五月廿六日書

宋 歐陽修 集古錄跋卷（局部） 27.2cm×171.2cm 台北『故宮博物院』藏

比如，有的人要专门在这东西上下功夫，在字里见道。有的人不是，有的人要靠别的东西，要打外围，用迂回战略，要来"养"，于是有所谓的"书外"功夫。东坡在南宋还有一个大崇拜者，名叫陆游。这位大诗人，也是懂的。他说"汝果欲学诗，功夫在诗外"，就是这个意思。"养"这个字，非常重要。

为什么提到米芾？因为说到艺术家，说到人。东坡在当时也是一个典型人物，他的诗词、书画、文章是全部打通的。在这方面，他在"宋四家"里是毋庸置疑的。他有一个没有分裂的精神世界，以及通过艺术表现出来的人格。这一点，正是在学习传统艺术时要高度重视的，研究书法亦然。人们常说，学画的人其实应该写点字，就像当年潘天寿先生常对学生说，画画啊，一定得高度重视写字，要花大量时间写字。比方说时间分配，都明确谈过：如果把时间分成 10 份，写字每天要占 4 份，而画画反而只能占到 3 份吧。但是反过来说，很多人没注意，写字的人也应该懂点画。米芾是画家，东坡也是，虽然他们可靠的真迹一件也没有留存到现在。

一位老朋友不幸病逝了。记得 20 多年前去看他，他送了我一本书，就是《东坡集》。2021 年他去世了，正在寒食左右。

现在再回来讲《黄州寒食诗帖》。比如，东坡说"君门深九重，坟墓在万里。也拟哭途穷，死灰吹不起"，现在读到，马上想到米芾。米芾这个人在艺术史上很重要，有一派学者认为他是最早开始用印的文人艺术家。他有一方印传到现在，有人认为是假的，但我认为可能是真的，四个字，"火宋米芾"。什么叫火宋？从中国古代的五行学上讲，宋朝属火，叫火宋。"火宋米芾"即我是火宋的米芾。当我读到这里，我就想到，像大火一样的宋朝把东坡烧成了一片死灰，对不对？让他像凤凰一样，在火里面重生。东坡姓苏，苏，是复苏、复生、凤凰涅槃。所以我们读诗读到这里，当你心里想到这些东西的时候，你没办法阻止自己的这种想法，而这种想法也会影响你对作品的理解和把握。所谓经典，即可令人常读常新，新，也是新生啊。读者的阅读，像伟大的文艺理论家奥斯卡·王尔德在他的小说里说的那样，读者的阅读就像卡利班照镜子一样。卡利班，不是"塔利班"，是莎士比亚戏剧里的人物，是长得很丑的怪物，他在镜子里面看到了丑陋的自己，非常愤怒。大家知道这种心情吗？魔镜魔镜告诉我，男人到底要什么？魔镜魔镜告诉我，谁是世界上最美的女人？你自己心里面没有个数吗？

火宋风凰

227

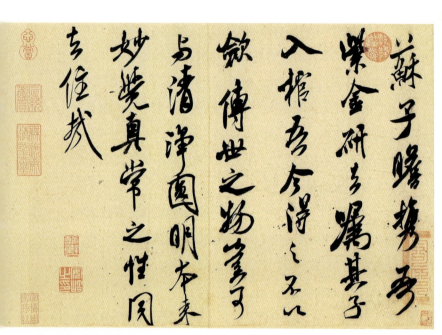

宋　米芾　紫金研帖　28.2cm×39.7cm　台北"故宫博物院"藏

欲傳世之物

與清淨圓明

獎真常之

宋 米芾 紫金研帖（局部） 29.2cm 台北"故宫博物院"藏

所以，看字、看书法、看艺术，想要真看进去、读进去，我们要是从自己这里进入的，就会不可避免地看到自己，看到自己是怎么样一个人、看到自己的人生、看到自己的学习、看到自己的知识、看到自己的悲欢世界，等等。这也是一种对"书如其人"的某一个方向的探讨，从自己而来、向自己而生的方向的探讨。当然，人生在世，水火无情，佳人易老，不由让人想起另一句中国人论书法的口头禅：人书俱老。这个老，是伴着时时而生如春草的"意"的。

再讲一个批评意见。宋朝有一位哲学家批评了东坡，他的叫朱熹，朱文公。大家都知道，他是理学宗师。注意，我特别说他叫朱文公，唐太宗称唐文皇。朱文公说东坡、黄庭坚这些人，他们把字写坏了。为什么？很简单，他们的法度不够。朱熹承认东坡是天才，文章写得也好，但是毕竟有毛病，这个毛病也不小。他对东坡书法的批评跟对东坡文章的批评是一样的。文章写得非常好，让人看着喜欢得不得了，但是你仔细看，你又觉得它有点讨厌。为什么？东坡的有些话只是漂亮话，还没有真正地合乎圣人的道理。严格来讲，东坡的文章，这个文章是广义的，它里面有"道"，这样来走，这样来写。朱熹认为这是不对的，为什么？因为"道"和"文"本来就是一种东西，"道外无文，文外无道"，两者不能分开，分了就是错。这是朱熹很哲学、很高级的一个评论。看起来，他对东坡的期待相当之高。天才嘛，尽管去苛求他，没关系。

朱熹现在也被称为书家，他的字，以前大家是不大关注的，现在书法变成专业之后，越来越多的人到处研究，朱熹也就成大书法家了。但是我们从所谓的艺术角度来讲，朱熹跟东坡比还是不行的，朱熹的话有他的道理，在高标的路子上是有道理的。所以米芾挽苏轼，就说"道如韩子频离世，文比欧公复并年"。道最大，这是需要知道的。而"道"、理与文章、艺术的表现之间的关系，实在是复杂的，不是说说就可以解决的问题。这里面需要实证，艺术是实证的工夫，生活也是。二者的大小、真伪、高下，只好如人饮水，各寻其道。

比如，在面对具体的字的时候，米芾更讲究、更用功，更讲究字本身，要长期反复地训练，甚至"集字"般地学习，成为分析、综合、科学研究了。从专业学习的角度来说，米芾比黄庭坚更加用功。东坡不是这样，朱熹批评东坡把字写坏了，是非常直接的批评；朱熹说话很平白，但并不好把握。人们称他为朱子，是尊敬，称东坡苏子，也是一样；但味道、重点不一样。

宋　朱熹　易系辞册（十四开之一）　36.5cm×61.8cm　台北"故宫博物院"藏

欧阳修这个人也大可注意。苏子的文艺观点受了他相当大的影响。要说书法，欧阳修并不是写得太好，不过他也谈，文人嘛，总是喜欢说，用语言来说、来表达、来"解释"。他说窗明几净，写字是人生的一种快乐。但是你不能整天琢磨着，我要当一个了不起的书法家，我要跟别人不一样，我要比别人厉害，那就完蛋了。古人说欧阳修晚年重视书法，而成就有限，这一点值得注意。哪怕你是个天才，诗也好，文章也好，人品也好，但你的字不见得就真的能写得好。为什么？字有字里面的东西，你必须还得学习。我们说东坡他是个大书法家，虽然各人的角度不一样，但没人否认这一点。或许也是因为他在年轻的时候下过苦功夫。你再了不起，你没下功夫都不行的，说得天花乱坠，还是不行。因为艺术本身也是一条路，也是一个道理，这个意思，很多人是不大知道的。

这样讲书法，看似平淡简单，其实是越来越难。就像看一个东西，老是努力地看，看来看去，反而看不清了，花眼了。其实只是提醒大家，要自己去看，自己去懂，别人说的不管用。真知，才有灼见。灼见，带火，有光，你自己的眼睛打不开，那你的眼睛就不会放光。眼是要有光的，号称眼光。英语叫 have an eye，可译成"独具只眼"，有慧眼。佛

目击道存

233

教称为"具正法眼藏"。你的眼不开，你不会放出自己眼里的光，你就照不见这个字，你就看不见，这个字就处在昏暗里面，万般美妙，你也无从晓得。

"借我，借我一双慧眼吧"，有人唱得好，哪里借得？看你自己。靠你自己。任你再聪明，一样都得学。这个道理，有个书法家讲得最好。谁？董其昌。董其昌说，八仙，就是韩湘子那票人物，那里头有一个在民间最有名的仙人，风流倜傥，叫吕洞宾。如果大家看书法史，涉及道教的部分，你会看到吕洞宾的书法。董其昌说哪怕吕洞宾这样的神仙，他想把字写好，他也得学。这话说得简直是好极了，你是皇帝不得了，到顶了你也得学，不学你写不好。宋徽宗天才绝世，也得学，也得练。

说到宋徽宗，当然是有意的。他有著名的瘦金体书法，他的字跟东坡放在一起看，你要开眼的话会发现，虽然他那个字也有讲究，但他的字也是不行的。大家看看宋徽宗的字，你就会发现人跟人的差别会有多大，包括审美跟风格上。老百姓一般会比较喜欢宋徽宗这样的字，觉得很漂亮，很有力量。东坡这个字他们不敢说不好，其实大多看不懂，离他们很远。宋徽宗有他的思想渊源，他是个道士，道君皇帝，我们不展开。能不能好好地赏鉴，像照镜子一样看宋徽宗的字，琢磨一下我们说过的看书法，什么是好看、美、可学等问题都会变得具体起来，跟自己有关系了，就有真东西了。这，也是书法入门的一个重要标志。入门，永远是最难的。

刚才说到朱熹，也是有意。朱熹被称为朱文公，现在辨他这个"文"字。唐太宗初谥文皇帝，朱熹叫朱文公，这是尊称谥号。欧阳修的谥号叫什么？欧阳文忠。东坡呢？苏文忠。一样的。文而且忠，叫文忠。古时候的谥号，很有规矩。东坡和他老师的"文忠"，比不上司马光和范仲淹的"文正"。王安石，可能更高级了，称王文公。到清朝，曾国藩是"文正"，他的学生李鸿章呢，文忠，都是这个意思。

"文"这个字，对中国人、中国文化、中国艺术，都太重要了。我们千方百计，迂回曲折，不过是要把这个字好好地摆出来，借大家明鉴，好好看。"文"是什么意思？按照《尚书》研究里的解释，就四个字，"经纬天地"，也可以说成"经天纬地"。从思想层面来讲，是根本性的大方向的意思。前面说的谥号，对"文"字的使用，更为多面。孔子《论语》里的话，如"敏而好学，不耻下问"之类，都在其中，这里且不展开。所以，"文人"又是什么？什么样的人，才是"文人"？文人可不是写写画画喝茶，琴棋书画，从哲学角度来讲，心中蕴藏着天地宇宙的秘密，洞悉世界人生道理的人，就是文人。这样的文人，当然你也可以说是"真文人"，类乎古人说的"大人"。这个说法，现在很多知识分子早就不知道了，有些人很悲观，说中华千年的文脉和文的传统已经丧失了，大家不知道什么人才能叫文人了。所以才有人把这些写莫名文章的人称为文人，简直可笑可怜。而在有见识的人那里，这样的文人只能称之为小人、小文人，称之为腐儒、酸儒。《三国演义》里诸葛亮舌战群儒，讽刺那些江东名士，说他们"青春作赋，皓首穷经"，这八个字，是很重的。一句话来总结：他们不懂什么叫世间的道理，或说不懂大道，不懂真正的道理。孔子说："弟子入则孝，出则悌，谨而信，泛爱众，而亲仁。行有余力，则以学文。"这里说的"余力"，耐人寻味。又说"君子不器"，器，是具体之物。小器，不是吝惜资费，而是不识大体。我们谈书法，谈中国"传统"艺术思想，谈东坡到此，这个意思就是不可不察的。

东坡是文人。至此我们已经明了。他不是书法家，或者借用学术般的语言更准确地说，他不只是书法家，他也不必是书法家。他能写诗，能作词，能写文章，能书法，

少荃世仁弟大人閣下廿三日接廿

續函与前十三四日

賜書并讀敬知崑彭之捷撻斬寔三方人

偉矣我近歲所東有也　今南与黄昌岐進規

江陰無錫可免賊竄江北之患程鎮進圖蘇

孤形理形勢皆可得手向嘗軍於上海非用盡

清　曾國藩　致少荃四月廿三日函　23.2cm×12.6cm　私人藏

能画画。他还能干吗？还能把西湖弄好，对不对？当然，一个真正的文人都会这些，因为，这些是通的，他是"通其意"。而且，他是要通的，要成个这样的通人，真的文人。那么问题来了：这个"意"是什么？摇身一变，由人内在诸般情意，成了个一贯的道理。他能把握住这个东西，所以他才能够同时在很多方面都有成就，而必同归于一身。东坡的人生功业，难道只是一个所谓的天分吗？天分是重要，学习也很重要，但是这个"学习"，就要有别样细致、实在的理解了。

看看东坡自己的说法。

外甥来找他，请教书法的道理，东坡写诗答复，留下了两首名诗。2020年我写了一本关于书法的书，《历代书论札记》，是用毛笔手稿的形式完成，算是个人学习书法的一个记录。看清样的时候，高世名教授提意见，说这本书前面缺个东西，应该加首诗之类。马上想到东坡，就用小楷写了他的几句诗，放在卷首：

> 退笔成山未足珍，读书万卷始通神。
> 君家自有元和脚，莫厌家鸡更问人。

退筆如山未足珍　讀書萬卷始通神

君家自有元和腳　莫厭家雞更問人

239

这诗曾经很有名，知道的朋友应该不少，但还是值得一说。东坡说，写字千万不要以为你整天那么用功写，写秃了千支万支笔，把这个笔退下来的头都能够埋成一座山就行了。不是的，书法的秘密在哪里？要读书万卷，你要能够通神。"通神"是什么意思？就是我们讲的"达理"吧。书法史上的典型、极致是谁？是书圣，王羲之这样的人。什么叫读书？大家肯定都晓得了，是为了通达道理，向通向道理的那所在走去。开个玩笑，用了个类似西方哲学的表述，像海德格尔了。走上了这条道路，你才能把所谓的书法学好。把书法学好只是个说法，其实是看见它、走向它、接近它。当然，这个"看"里，天生地带着个"思"。抱歉我用了"它"这个字，现代汉语标准。很多人听到这里，都很愿意说"对对对，你说得对"，但是你让他去做，让他这么去学，他就不一定了。像朱熹这样读书万卷，像东坡这样相信"退笔如山未足珍"，能容易做到吗？

　　这里可以请大家思考一件事情：书如其人。还是这四个字，你想把字写得像东坡这样好，或者说写成东坡这个样子，可你不是东坡这样的人，你怎么可能写得出来呢？你没有他这个境界、这个修养，你怎么可能写成他这样呢？

240

诸位，这是多么简单直接的一个道理，但是，为什么大家并非都会这样想，更不这么做？这，就是古人说的"取法乎上"的道理。这个法是大法，不是一个"人"的法，而是"理法"。有学者不喜欢"书法"这个词，要叫"书道"，意思大概在这里。书法有什么意思，有什么好玩的？古人讲话多实在，比如孔子说"三军可夺帅也，匹夫不可夺志也"，又说"士不可以不弘毅，任重而道远"。书法，如果把它和这样讲的"文"艺之道联系起来，就好像变得更大、更重了。当然，有人也会认为变得太虚了、太玄了，叫人摸不着头脑。不过，讲到这里，书法这东西很多人就扛不起来了。没志气，他就没有力气。古人论书法、画画，喜欢谈"气"，有没有骨气，有没有气骨，你没有这个气，就没有力，下笔无力最为致命，再好看都是假的。这个笔力是哪里来的？"兴酣落笔摇五岳"，力量从哪里来？这内在力量，是通意，通神而来的整一的人格修养。

说到这里，也要说一点技术问题。很多人批评东坡写字"偃笔"，就是笔喜欢趴着，不立起来；执笔是"单勾"，就像现代人这样手拿钢笔，是古法执笔的方式之一。用这个办法，写的字很松。所以东坡说拿笔没什么奥妙，只要让手"虚而宽"，运笔方便就可以了。前面我们老说东坡的不在乎，这个不在乎跟米芾、黄庭坚他们大不一样。他真的是说到做到，他有自己的道理。所以我常说，黄庭坚论书法，实在。东坡一样实在，但世人误于他的大才子之名，反不当真。我只引他年轻时论书法诗里的一句来讲一讲，"守骏莫如跛"。

骏是骏马，日行千里夜走八百，像关羽的赤兔马一样。你碰到一匹好马，没法跑那么快，比不上人家，怎么办？东坡说，守骏莫如跛。"守"这个字不好讲，我看了许多书，很多专家也不好好说，害得我只好自己来琢磨。马跑得快，你跟它比，只有一个办法。你不要跟马对抗，就是跛马，也自有跛马的好处。简单来讲，跛马是不完整的，有先天的缺陷，跑不动，那有什么关系呢？该怎么走路还怎么走路，"骐骥一跃，不能十步"，对不对？荀子也是儒家代表人物，虽然有人说他有点"异端"，有点坏。"驽马十驾，功在不舍"，出自荀子的《劝学》，说学习的重要，对。但是为什么学习重要，你知道吗？因为你不学习，你就不懂得这个道理。一般都说骏马很了不起，有些人认识不到驽马也要前进，也要学习。这个道理真的那么简单吗？那么复杂吗？一言以蔽之：驽马也有自己的人 / 马生。

东坡又举美人为例，说东施效颦，因为西施本来就漂亮，她的那个漂亮是自然的。你天生没有她那么好看，但是你也可以做到自然。可是，如果你把目标设定为要长得像西施那个样子，就弄错了方向，除了用技术动刀见血，别无办法了。你做到你的自然，你就可以跟西施相比了。这样讲这个道理，是复杂还是简单呢？你跟她比谁好看，落入了比较的误区，犯了方向性的错误、根本性的错误。他又举玉璧为例，也是此意。最重要的是自然，自然关乎"自我"。

把朱文公冒昧地跟东坡比，你说比什么？朱熹的字写得比东坡好还是坏？关键是怎么理解这个好。如果说东坡是匹骏马的话，那么我相信朱文公必定是跛马。但是也没关系，朱文公也可以说写得很好。这一点真的非常重要，是个观念问题。或者说，用西方哲学的术语来讲，是个思维范式的问题。

"守骏莫如跛"，这里面可有智慧了。李鸿章这位近代大人物也喜欢写字，且比他的老师曾国藩写得好，哪怕是好看，也是好。见过他的一件条幅，就写了东坡这五个字。别忘了，李鸿章的谥号也叫"文忠"，跟东坡一样。曾文正也谈到东坡这五个字：

是日因写手卷，思东坡"守骏莫如跛"五字，凡技皆当知之。若一味骏快奔放，必有颠踬之时；一向贪图美名，必有大污辱之时。余之以"求阙"名斋，即求自有缺陷不满之处，亦"守骏莫如跛"之意也。

曾文正这话说得具体实在，跟我们这里谈书法讲得不全一致，但很值得我们参考，因为在"辩证"这个意义上是一致的。

仿佛到了结尾的时候。

我们从诗开始看，到书法，到文艺的道理，有点像看路、找路、上路这样的一个过程。当然，其中的主干仍是落在书法上，重要的是"看"。我问了几个问题：你看见了什么？你看懂了吗？你看到了什么所以觉得自己看懂了呢？你要怎么样才能继续看得懂下去？问得好像有些奇特，但没关系，人一要思考，天神就发笑，因为很有趣；天神可能也难得一笑，实在开心。让天神开心有何不好？我们要是研究书法、写字，通神了，岂不照样开心？又说到"鉴赏"，镜子与照镜子。我们在看字的时候能看到自己，

清　李鸿章　行书"守骏莫如跛"　33.5cm×115cm　藏处不详

而这个自己，是一个活在文化生活现实里的自己，或者说，看到自己的文化。写字，也或可以说是写自己，把自己给一路写出来：让自己生，"渐行渐远还生"。或者，复生，重生。

于是又说到所谓大道理，落到两个字上："道"与"文"。

书法是什么？书法是"文"，是文的一种，和画一样，跟诗一样。但是它也是"道"的一种，是入道的一条路。文和道的关系，是非常核心的大问题，在这个层面往下展开，才能看到"文艺"，这个时常被认为温柔和平的东西。请注意，"文"在"艺"的前面。"艺"这个字，往往被当成艺术，因为有个大道理的映衬，要做一个区分。古人谈艺，往往是侧重技能方面，现在看来，也常常觉得混乱。你看清朝的《四库全书》之类，艺这个东西，写字啊、刻章啊，都往往跟些乱七八糟的东西放在一起，比如玩游戏、打麻将、掷骰子，就是因为艺是重视技能的。也就是说，如果一个从业者不能够进入所谓的道理的层面来进行文艺的工作，"工作"这个词本身就带着误导：真正的艺术家、书法家、大画家，当然不能是"工匠"，千万不能陷入工匠这个层面，就像东坡那时的士大夫常关心的一样。但是，没关系，因为技、工，又怎么可能同"道"完全没关系呢？

道的意义，正在于它的"大"，无处不在。只要你有意、意志、意志力，没有谁能阻挡你对书法艺术的向往和追求。

但谈文论艺，"文"这个字的大意一定要打通。读《黄州寒食诗》时，我们在读什么？如果读进去，入于其中，我们看到了什么，想到了什么，感觉到了什么，学习到了什么？从文的大意义上看，我们入情入理，得见有情有义。而通过这《黄州寒食诗帖》，通过这赏鉴之法，我们也得以从不同的路径，进入人生学习的状态，一个生活的新阶段。这种学习，可以称为传统所说的"文化"。

文化，是动词。

中国是文化之邦，这是毫无疑问的。我们看书法、学书法，更可以有机会为此自豪。文化就是以文化之，以文教化，简称文化。化己成人，内外通明，是文化人的理想。谈书法、谈艺术，有很多种的方式。不过，如果能深入了解一种艺术门类，我们的理解就可能避免宽泛而虚浮，才更有可能于此得到真实的滋养与助力。我们学中国传统艺术思想，常见到唐朝张彦远的名言，说艺术很重要，它能"成教化，助人伦"。这话不错，但我们讲到这里，可以明白一点，这是从"道理"上来讲的，不要简单理解成一般所谓的"道德"。

东坡一代天才,《黄州寒食诗帖》是他留给我们的珍宝。我们感念之余,用心一读,方能不负东坡,更不负自己。说到学习、看、理解,并不是要写论文那样郑重其事,而是说,艺术作品是可以成为一条道路的。所以谈艺术、看书法,就有完全不同的方向,并不只是看看罢了。东坡读书万卷,我们且也用读书为例来说。大家都说读书好,但有人读书,只是为了 pastime,消遣,因为读书也是一种最廉价的自我相处的方式,不需要多少钱就可以打发时光,就可以优雅地浪费时间。当然,这正是一些人眼中的"文化"人生。于是读书也可以是第二种,decoration,装饰。这当然也是一种文化,在很多人看来,文化不就是"加"吗?有上加有,为学日益。但是这些,严格来说都不是中国古典文艺的追求。

东坡的书法有问题,他自己知道,但是他的书法可以"因病成妍",而非"东施效颦",千载之下,照样动人。上文在评论东坡的书法时,引用了古人的评论,这里要引用一个现代人的。常常有人问我,想了解书法,读什么书比较好?这个作者可以推荐——潘伯鹰,他是文学家和诗人,虽然名气不大,他与沈尹默是同时代的人。他写过一个小册子谈书法,平白晓畅,很不容易。他说东坡用他病态、自由的笔,书写了他的人生与书法作品,就很得我心了。

但他好像也没见过《黄州寒食诗帖》这件艺术作品，同林语堂可能差不多，实在为他遗憾。但其实没关系的，因为潘伯鹰哪怕看过此帖，他心目中的东坡书法典型，应该也不是《黄州寒食诗帖》。请注意"心目"这个词，就是前面我们提过的"别具只眼"之眼，类乎二郎神的第三只眼。因为东坡传世的书法作品里最好的肯定不是它。有学者以为，《黄州寒食诗帖》如今被抬高到如此位置，也与日本有部分关系。这话不能不说有些道理，因为如果我们谈"文化"，就最好想得多一些、大一些，尤其是在现在的时代，更应如此。

这100余年来，中国书法的发展和变化有时的确要考虑一下日本的情况。至少，日本人的评价也相当程度地影响了中国人。有些认真的思想者，认为现在很多中国文化人、书法家，实在是没有主心骨的，也是那种"贵耳贱目"者，怎么都称不上我们讲的"文人"二字。艺术家呢，或者可以谈得上，但仿佛又是在"传统"之外的意义上了。比如，东坡之外，王铎、吴昌硕等书家的地位与评价问题。有识者悲观，说这都是中国书法的悲剧。这样的意见是确实存在的，不过这些问题放在历史图画中，实在只是平常，或说正常，没有必要太过悲观、悲愤。这是文化问题，其

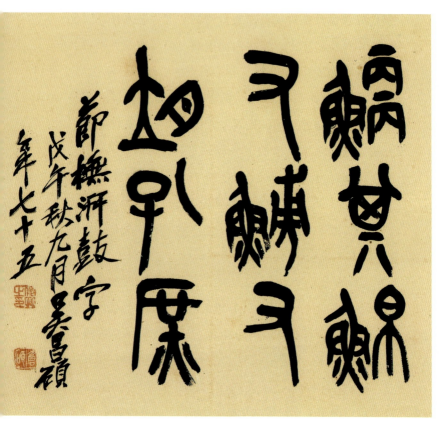

清　吴昌硕　节临石鼓文　39cm×146cm　私人藏

連日和風吹細雨減却眉顰宴

地端的薄煙似低填帶子佳年

時換得慈年賦命應知身是女

海誓山盟漸擅一槽朱顏

裏又書芳心結丁香梅

鹰公近象凤梅桢词

得鹰心九乐云地改为依稀薄
似佯填及有恨重重梦改六字

潘伯鷹　行書詩詞箋　尺寸不詳　藏處不詳

解决方式也只能是文化的解决方式。如果不这样，"文化"又能是什么样子？

我们有幸在这里畅谈东坡的书法，谈他的文化、人生，实在是一种幸福，一种奢侈，我们有幸赶上这个大时代。当然，要说到中华民族的文化复兴，就需要那些能够真正深入中国文化骨子里的学人、文化人来努力。这是严肃的事，是我们真正的"功业"。东坡作为诗人、书法家、文化人，或许仍然可以成为我们如今的镜子，或者榜样。

东坡曾对人说，在送人书法作品时，如果幸运，这幅字能传到后世，500年后这幅字可能很值钱，也许值500两黄金。很多人看到这句话，说东坡对自己的书法多么自信，但是东坡很可能意不在此。第一，他当然知道，因为他的书法在宋朝时就很值钱。东坡对自己的书法有自知之明，但是作为一个艺术家，他的内心是寂寞的，没有几个人理解他的书法。第二，因为这种寂寞，他对未来是有期待的，觉得以后可能会有知音，会有人懂他。他并不是因为他的书法，而是因为东坡一贯的书法观点：真正让一个书法艺术作品被人尊重、变得有价值的最重要因素，不是书法本身，而是这个人。他说："古人论书，兼论其人生平；苟非其人，虽工不贵。"这个"贵"，是高贵，不是值钱，却要"费心"。

所以他讲这个值多少钱，是含着一点幽默的心酸了。

所以谈书、说书、论文艺，如果要做个总结，还是落回到东坡这个人。

晚清的刘熙载，他的通行身份是书法理论工作者，曾评论东坡，说他的诗如"华严法界"，也就是佛教的《华严经》。东坡的文章，像风行水上，自然成文，欲行则行。他说东坡书法大致也是这样的。刘熙载把诗文和书法这些东西打通来看，这是好的。我们讲他的诗时说，后人评东坡"以文入诗"，就是说它自然流淌，他自己也是这么说的。

自然，是很高级的境界。自然是什么？就是一个"真"，是真理之真、真人之真、真诚之真。艺术、书法的天真自然，是要把这些打成一气的。除了天分，还是要有不委曲天分的学习。"受了教训，得了书经的指引，现已看得透，不再自困"，这歌里唱的，好像是黄州的东坡了。学习是动词的文化，是真实的生活。董其昌，作为书法理论家，把这文化修养总结成两句话，也是延续了东坡以来的文人传统："读万卷书，行万里路。"怎么理解"万里路"，也可以从"观看之路"来理解，里面有多少人生的经验和教训，无言以对，却点点滴滴，常到心头。悲欢苦乐，都是实实实的。看书法，也是看这漫漫人生路：他的人，你的路。

东坡在黄州时留下了不少诗文，还有绘画。他懂得人生有很多缺憾，比如说为什么他对自己那么不在乎。对艺术，他有许多思考。比如，他说到唐朝时，诗到了杜甫，画到了吴道子，书法到了颜真卿，天下之能事毕矣。技巧方面，唐人已经达到了极点，已经做完了，后人没什么可能了，就没有办法在这个方面再跟古人拼了。你只有一条路：走自己的路。哪怕你自己是不完美的，你也要在不完美里面走下去，但是要朝着那个方向走。比如说东坡小时候写《兰亭序》，下了很大功夫。但他学习最重要的办法是抄书。据说他曾经把《汉书》抄写过三遍，可以做到张嘴就来，不怕当众检阅。当然，有人说他是挑着抄的，但他这种读写一体，在那个时代也是不易的，我们现在更可以想想。

东坡在黄州的诗词，最有名的还要数《定风波》。用它来结尾，也是好的。

一想到宋朝，文艺青年可能更喜欢《清平乐》。一想到"清平乐"三字，我就想到了另外一位宋朝大文人晏殊，他看透了人生。他不是书法家，他的生活幸福平顺，现世安稳。东坡不是这样的，他"定风波"。

莫听穿林打叶声，何妨吟啸且徐行。

什么叫"且徐行"？我是跛马，我跑不起来。竹杖芒鞋轻胜马，竹杖芒鞋比马轻。为什么？我就是马，我骑驴找马，便也是马。竹杖芒鞋没有马，也得走自己的路。

谁怕？一蓑烟雨任平生。

有人说这是旷达，什么叫旷达，旷就是放，放大了，大成什么样？注意，旷字里面有个"日"，它自己有了个太阳：天大地大，天日无限。放旷，就要能"解释"：释放，解放，想怎么跑就怎么跑，想到哪里就到哪里，对不对？对，解放自己，自己解放，哪怕"自嘲自解"，也是自由。

达是什么？通达，有路，找路才会有路，道路是自己走出来的。所以你才会真的懂"道理"，入道即"上路"，去找自己的旷达之境，用真切的生命，跟着你自己的太阳。

东坡用这个词牌，"定风波"，就有一点动人。天地的风波你是定不了的，阴晴变幻、四时明晦，但是你得定自己。定到什么程度呢？不管人间如何风云变幻，哪怕你

元　趙孟頫　東坡小像　尺寸不詳　台北『故宮博物院』藏

做不到笑看风云过，也要知道"也无风雨也无晴"，人生处处，都像刘禹锡歌的一样"东边日出西边雨，道是无晴却有晴"。人生就是充满阴晴变化，是一个天地间的游戏。风波中自定，江山风雨，都是一点词心。而这人生逆旅上的每一个行人的心情，总是需要一个晴朗的天地吧？

大致说来，东坡这人，实在不大喜欢谈玄。直到今天，许多人喜欢他，并不是爱他的字，爱他的诗词。他最迷人的地方，可能在生活感：平平常常，简简单单，不装，不端着，苦中作乐。他也是喜欢说笑话的，留下了专著。比如，这样一个：

> 有二措大相与言志，一云："我平生不足惟饭与睡耳，他日得志，当饱吃饭了便睡，睡了又吃饭。"一云："我则异于是，当吃了又吃，何暇复睡耶！"吾来庐山，闻马道士善睡，于睡中得妙。然吾观之，终不如彼措大得吃饭三昧也。

您要说，有点禅了。也只是说到这里，不必有意。若是自己真的知道了，怎么说都可以，大可以随便平常处之。现在看这《黄州寒食诗帖》，劈头二字"自我"就让我想半天。东坡是不是和夏目漱石一样，是个"极端"的自我主义者？在艺术上，我觉得是这样的。"因病成妍""常谓不学可""君家自有元和脚"，等等。说的都是一个意思。夏目是汉诗家，也喜欢书法。只是做自我，自己走自己的路当然好，怎么走，走多久却时时都是问题；没有谁能一揽子解决个干干净净。行路难："溯洄从之，道阻且长。溯游从之，宛在水中央。"水中央是什么意思？不好到达。它是一个孤岛，你要通过自己连接此间与彼岸。回答有些朋友的疑问，供大家思索一二。

东坡自然想过人生滋味，或说人生的"况味"。有人更喜欢况味这个词，这叫不到不知，如人饮水。但是，这并不是每个人都绝对孤独，倒是更可以说，每个人必以各自的孤独来体会孤独。艺术，也可以说是这样的吧。说到味，也离不开道理，所以叫"味道"，东坡不是美食家嘛！对了，他的祖上，在唐朝做过宰相，苏味道，这是东坡的爸爸考证的。

讲东坡，会不止一次提到庄子。庄子曾说过美食，你喜欢吃甜，你喜欢吃酸，但是你没想过一个问题，这个世界上，什么是真正的滋味？杭州有一个饭店，叫"知味观"——"闻香下马，知味停车"。这样的人可谓真懂艺术了，到"味"了。古代的哲人又说了，谁都吃饭，但懂得吃饭的味道的人很少。"人莫不饮食也，鲜能知味也"，这"味道"两个字，可以跟"知道"二字联起来思考：道的滋味，要好好咂摸一下。道是什么样子，什么情况，要去认真地"知"，去认识。

类推一下：就像做饭、吃饭，大家都写字。"写书法"，前面说了，这个是病句。大家都写字，但是懂得书法道理的人却很少。这样转个弯，您也许一下子就明白了，这也是太正常的事。人世间的"正味"在哪里？正，是真的意思，就像正书、正楷。楷书，也可以叫"真书"。东坡喜欢庄子，也跟着庄子一起思考不已。不过我有时觉得，他跟庄子还是不同，他这人并非那样的"风流潇洒"，他更朴素、自然。他说：

　　　　　人间无正味，美好出艰难。

　　我们跳出美食圈子，转眼来看看人生，那就可以大问一句："人生啊，你说你真正的味道是什么？"问题太难，你问东坡，他也许会说，我也说不清，但是我知道，人世间所有美好的东西都是从艰难困苦中来，从颠沛流离中得来的吧。所以，也想问亲爱的读者一句：你相信，东坡会说出这样的话吗？想想林语堂，他把东坡定义成一个"乐天才"（gay genius），是不是特别生动起来了呢？书圣王羲之，罢官游乐，说每每行在山阴道上，如镜中游。他的才子，有大才的儿子王献之，也说这条人间的道路，更加有名："山川自相映发，使人应接不暇。"谁说得对，谁说得不对，还是他们说得都对？人生实是行路，逆旅，逆水行舟，也终归见自己，见山川，交相辉映，组成活着的味道吧。山重水复，烦恼菩提。鲁迅想必同意，这一生，有"好的故事"。

回到《黄州寒食诗帖》。

孟子说："颂其诗，读其书，不知其人，可乎？"东坡也引用过这话。这个"世"字大有可说，囊括世事人情、天地众生。如果我们把"读其书"的这个"书"字当成"书法"来想，也是无妨。至此，或者可以"停车暂借问"一下，思考一下。你大约也会觉得，再看他这个字，可能会想很多东西，看到更多东西。我们知道那一个人的人生是这样，如此这般，如是我闻，如是我见。就学习、鉴赏或领会而言，"闻"与"见"都成为一个，活色生香，都是你的：都是一个东坡，都是一个你。

《黄州寒食诗帖》并非苏轼最好的书作，却无妨其嘉惠我们甚多。它流传千载，因为它值得，因为人间值得。它是从一个艰难的人生里面生产出来的，它是作者此生此世的一个记忆、一个信物、一个明证。而且不止于此，它还是一个人认真生活的经验、思想和追求。艺术作品，如果能给我们什么，如果能对我们有所引助，那它就永远不是仅仅停留在"视觉"层面上的一个产品。"视"是为了"觉"，再伟大的艺术作品，都期待读者的"亲眼"，以及由这亲眼而来的"青眼"。东坡说"人生如梦"，而"大梦谁先觉，平生我自知"，一切真正的鉴赏，一切伟大的诗歌、书法、艺术行动，也都如最平凡不过的人生，须由你这个自己，来完成一个"自我"。

今手重更不重封

軾

夢得祇授閱書

六月十三日

軾将渡海宿澄邁承
令子見訪知
逕者未歸又云迈已到桂府
若果尔康鲦浮於海康
相遇不尔則未知
後會之期也區區無他禱惟
晚景宜

宋　苏轼　渡海帖　28.6cm×40.2cm　台北“故宫博物院”藏

263

跋

这本书，来自以前的讲稿。

讲苏轼，讲他的《黄州寒食诗帖》，讲他的诗、书法、人世等，主要是因为上课。在学院里上课，讲传统的书法理论、艺术哲学，都需要些例子，一个入处。这本小书，算是个小展示。希望某些朋友能感到一些兴趣，或者好奇。

写这本书，是偶然的。

讲过很多苏轼，讲《黄州寒食诗帖》虽少些，但也讲过四五回。四五年前，高世名教授，请我专门给视觉中国研究院的研究生们上个课，有硕士有博士，讲讲书法。想了又想，选择了《黄州寒食诗帖》，这当然是很有原因的。领导认为，美院很多朋友都学过画画，对所谓的绘画可能比一般人了解得多些，但是对书法，关注和了解得都似不足够。我表示赞同，就讲了一学期的《黄州寒食诗帖》，约 30 小时。

"已过三寒食"，又一个寒食将至，忽然心有所动。翻看旧稿，竟有一二十万字，好像太多。讲得太学术，东坡又想必不喜。于是动手整理，主要是删减，一删再删，幸存一半，成了这样。小书一册，勉强达标。

顾子稞、王晓禾、周心菡等同志帮助审阅了原稿的不同部分，郑重感谢。提出的意见，书中都已作出回应。

读者意见，作者自是期待。

敬请电邮：*sunplato@qq.com*

关注微信：*sunplato*，请注"熊猫"。

辛丑寒食于南山无所居

癸卯五月，改于维也纳市伊丽莎白道

新版跋

苏东坡读到现在，也30多年了。那时老师教那首有名的赤壁词，讲得不少，听得应该很认真。但具体讲了什么，听到什么，却想不起来了。记性靠不住，人常常自己骗自己，还说不知道。另一首没那么有名的词，彭城夜宿燕子楼，也想过不少。原因，是知道这楼离自己不远，起了分别心吧。那时起，还一直想写点什么，也想说说这事，直到现在，也没成功。流年一样暗中偷换，并不通知。苏东坡的东西，这几年是写了一点，都扔在那里，偶尔拿出来看看，只觉乱七八糟，就还扔在那里。

苏东坡的字，书法，读得比较迟了，应该是在20多年前，初到江南时。明教授那天很高兴，拿出一本字帖，就是苏东坡的名作集，彩印、光纸，一时令人眼前一亮，但见神采飞舞，不由一道开心起来。不过书里好像没有《黄州寒食诗帖》，肯定是因为太有名，所以要独立不迁，自成一本。于是那时最喜欢的作品，成了《一夜帖》。那时这样的书还不多，艺术作品的高清复制品刚开始大规模传播，惠及大众。这书价格，大约是自己南下前工资的八分之一。算了一下，没去买。也许，本质上还是爱得不够，那简直是一定的。不过，这样性质的文化艺术财产也不是没有，至少两件：《十七帖》与《怀仁集王羲之书圣教序》，都是王羲之，都是灰黄的纸，黑底白字。拓本。有时看书，德高望重的老前辈、名学者、国宝教授教书法，也说字帖清楚的好、墨迹的好、真迹比拓本好，等等。大约是苦尽甘来的美好愿望，让人感佩非常：从技术上说，也是与时俱进。人为什么不能技术，更技术？

后来，尤其这几年，读苏东坡更多。原因，当然是为教学；只是教学，不是科研。因为动机不纯、目标不准，读书读字，都没什么效率。乃知古人这个"读"字的有趣：读，是抽取出其中的意义，多累。所以读起来，只好一顿一停的，常常有上顿没下顿，没法精彩纷呈。苏字，或说坡体，写过几回，不多。对临摹这事，总没法太过热心，看来是欠缺古道，需要好好进补。当然这不是歧视坡仙子，王羲之一样。不期然成了山谷派：多读，期以脱俗？古人说画，又说饱游饫看，其实并不容易：好眼目，好腿脚，都是一下就能失去的好东西，只要你到一定时候。别的东西，也许更不消说。

这本书来自教学，目的是走向教学，走回教学，这一点，还是想特地报告。教是教，学是学；但教学又是一回事，教学一体，教学相长，汇于教师一身。不过作为工作生活，这两个字真是一言难尽，言不尽意。时语：懂的都懂。称得上见南山之章。当然，这种古老的绝对论式思考，如果拿来谈中国的书法、诗文道理等，不知能不能面对千方百计，千言万语。

本书面世，也有一些曲折。世上哪有容易的事。比比人类的生产，自然见怪不怪，心平气和。书原名《见东坡》，为了让这个"东坡"见人，自己先见识了一下出版工作。有人曾说，如今搞文化的人最没文化。这是笑话，不必太当真，尤其更不能拿来打击青年文化人员。文化两个字，好辛苦：一分为二，最最现实，最最无情，人间世界，谁逃得过？就像教学，一线工作，实实在在，就是当兵打仗，上前线，真刀真枪，面前有血有肉、有眼有心理、有一搭没一搭的主人公。写个书给人读，给谁读，怎么能让人读到，都是难题。到头来，只好自问自答，自寻自解；都是磨炼，都是修行啊。"杀不死你的东西，只会让你更强大。"尼采加海明威，见了这话肯定皆大吃一惊：中国青年了不起，竟令此语风行。也有人不满意，说所有杀不死我的东西，你一下把我杀得死死的算了，就别折腾了，这一下一下的。这境界，高了。人间世，一饮一啄，一呼一吸，生死之间，强大何在？苏东坡想必知道，但也不一定。读着的您，愿您一定知道。

书终于出来。印得少，就有了重版。换了个名字，也好。曾经考虑加些内容，比如多次相关讲课稿子，都整理好了，终于没放。再加四五万字，不成小书了。本非苏东坡专家，不可太感动于现世苏迷文化，不管时新病毒，还是自己不中用的感冒；高尚风雅如翁方纲之流，也就文章细事，正好更加不了了之。只是想想这书出来也近三年，还不能无动于衷，叫人不能不有点郁郁。苏东坡说来黄州三年，感寒食海棠；又曾赋梨花，说"人生能见几清明"。话说年年寒食过了，几个人得见清明？介之推可能见了。他选择了火化。

太怀旧不好，太多想不好。以上很多话来自一位道家人士，热爱文艺，自然也不放过苏东坡。他是道士，叫铁冠道人，你知道吗？他说。答曰铁笛道人倒是知道，好像比苏先生放纵很多；据说苏东坡不大喜欢女性。其他随便忘了。学术上的事，以后也许好好写写，如果有心整理一下一堆笔记。

还有人曾问，你先生读过几本苏东坡，他对你有什么影响吗？问题严重了，也没机会，不该说没胆，够深入想过；但是肯定有一点，比如说前几天半夜里很迅猛地醒过来，发现了几句日记，四五年前半夜里的产品：

> 醒，惊，还正躺在悟天天斋。点点悲凉。这个凉，很少有，善自我欺骗，相信年来暗下苦功，仿佛定成正果。眼前黑影喘气里跳出 8 个字：清时有味，白首无能。
> 苏东坡有关系。
> 老做梦。又是做了个梦：突然飞起来，不安，欣喜，片时游鸟浮云，很快落地，无路可走，热锅上的蚂蚁，垂下翅

子的信天翁。白头。得一联：

　　最是一年春好处，落花时节又逢君。

您看，几分苏影？

说个故事。被请去做个演讲，苏东坡。转天就有消息传来，来自北京，说你怎么能那么公开诋毁苏东坡？什么叫诋毁？只是说有很多伟大的人物，宋朝也是，您，读者听众诸君，为什么这么迷恋苏东坡呢？宋朝啊，文明之喜马拉雅、珠穆朗玛，人类群星闪耀时，您为什么不去想想王安石、范仲淹、司马光之流？要说抬杠，有大学者直言苏东坡就是社会的毒瘤，您又当如何？如果当真，苏东坡得气到生肿瘤，这是万万行不得的，要学习，讲文化。所以，还是要学习一下苏东坡。他自己说书法可以不学，但前提是你要懂得那个大的意思。问题是：如果不懂怎么办？还是一定要学吗？很辛苦呢不是吗？苏东坡说"美好出艰难"，到头来还是个不讨喜。逆行者。不如土行孙美妙。

　　附后：

"迟了"，这个词来自诗人肖遥。有一次闲说话，说老大不小了，人情世故，什么也不懂，真是晚熟，处处碰头，真的惭愧。那不叫晚熟，他说，叫迟熟。迟，古人说意思是慢。现在想来，他想说的，是诸葛亮的"醒来日迟迟"，还是赵孟頫写唐人的"明朝相望路漫漫"？不清楚，没问他，但是在心里佩服他。身为诗人，他是字斟句酌的，一个优秀的文字工作者。上上下下，大家都认定他活儿干得好，无论公文、私文。他还出过散文集，一字一坑，让人羡慕、嫉妒。你才写得好，他说，我羡慕你！我要有你的本事就好了！说得真的似的。好像也是真的，叫人不得不再次惭愧。

作为亲近的老朋友，两个农民之间，他说话往往是极直接的，有时甚至有点伤人。但直到现在，每次写到、说到苏东坡，都会想到他：并不只是因为他送过一本苏东坡、黄庭坚的诗集——硬壳子，厚厚一本，封面是青是绿，春天的色彩吧。封面上的字，正是《黄州寒食诗帖》。他有一次谈到生活：生活，有意思啊！生活两个字，在我们老家话里就是地里的庄稼。那太好了，当时回答他。干活，就是上地弄庄稼，挣饭吃，活下去，养活庄稼，养活人。土坷垃里也长道理，怪不得人不读书。肖遥出生与安葬的那个村子，二十多年前我去过两次，叫琴川。高山流水，知音实难。而这时，加缪的话无中生有：生活，就是透辟地理解。

2023 年 7 月 15 日 黄昏于维也纳尼伯龙根街 café camus
2023 年 12 月 15 日 凌晨改定于小碧云不扫堂

图书在版编目（CIP）数据

东坡面目：读懂《黄州寒食诗帖》 / 孙善春著. --
杭州：中国美术学院出版社，2024.3
　　ISBN 978-7-5503-3163-1

　　Ⅰ. ①东… Ⅱ. ①孙… Ⅲ. ①苏轼（1036-1101）-
人物研究②苏轼（1036-1101）-文艺思想-研究 Ⅳ.
①K825.6②I209.441

　　中国国家版本馆CIP数据核字(2023)第229169号

扉页集字：苏　轼
责任编辑：郑心怡
书籍设计：赵　娜
责任校对：纪玉强
责任印制：张荣胜

东坡面目：读懂《黄州寒食诗帖》
孙善春　著

出 品 人：祝平凡
出版发行：中国美术学院出版社
地　　址：中国·杭州南山路218号／邮政编码：310002
网　　址：http：//www.caapress.com
经　　销：全国新华书店
制　　版：杭州九溪文化传播有限公司
印　　刷：浙江海虹彩色印务有限公司
版　　次：2024年3月第1版
印　　次：2024年3月第1次印刷
印　　张：8.75
开　　本：787mm×1092mm　1/32
字　　数：220千
书　　号：ISBN 978-7-5503-3163-1
定　　价：98.00元